rororo sport
Herausgegeben von Bernd Gottwald

Otti Krempel

Bodytrainer für die Frau ab 50

Gut aussehen und
sich wohl fühlen

Mit Fotos von Horst Lichte

rororo

Rowohlt

Danksagung:

Mein herzlicher Dank für die Bereitstellung der Geräte sowie der Kleidung gilt den Firmen «Venice Beach» und «Mega-Sport».
Mein besonderer Dank gilt Frau Borchardt, die mit großer Geduld die Übungen für die Fotos präsentiert hat.

Originalausgabe
Veröffentlicht im Rowohlt Taschenbuch Verlag GmbH,
Reinbek bei Hamburg, Mai 1997

Umschlaggestaltung Peter Wippermann/
Jürgen Kaffer (Büro Hamburg)
(Foto: Comstock)
Satz Sabon und Syntax (QuarkXPress 3.32)
Gesamtherstellung Clausen & Bosse, Leck
Printed in Germany
1690-ISBN 3 499 19453 8

Inhaltsverzeichnis

Mit 50 geht's erst richtig los

Es ist schon komisch – da geht man auf die 50 zu oder hat sie vielleicht schon überschritten, aber man fühlt sich eigentlich gar nicht so, schon überhaupt nicht alt. Nur wenn man ständig auf sein Alter angesprochen oder im Bekanntenkreis immer wieder darauf hingewiesen wird, daß man nun unwiederbringlich die zweite Lebenshälfte angetreten hat, kommt vielleicht so ein seltsames Gefühl auf, daß man nun doch mal über sein Alter nachdenken sollte. Tun Sie es einfach nicht, denn Alter hat mit alt fühlen nichts zu tun. Die Addition von Jahren bringt nicht zwangsläufig auch eine Addition von vorwiegend unangenehmen Alterungsprozessen mit sich. Der Unterschied zwischen kalendarischem und biologischem Alter kann beträchtlich sein, und es kommt nur auf das biologische bzw. das «Gefühlsalter» an. Man muß sich einfach nur jung fühlen, jung denken und jung handeln – dann bleibt man ganz einfach auch jung.

Die heute Fünfzigjährigen haben mit den Fünfzigjährigen der letzten Jahrhundertwende so gut wie nichts mehr gemein. Das trifft insbesondere auf die heutzutage sehr dynamischen und jung wirkenden Frauen dieser Altersklasse zu, deren Auftreten und Ausstrahlung sie häufig wesentlich jünger erscheinen läßt. Genießen Sie es, 50 Jahre und älter zu sein, und fühlen Sie sich attraktiv, liebenswert und leistungsfähig. Freuen Sie sich auf die kommenden Jahre, und füllen Sie sie mit prallem Leben. Realisieren Sie jetzt Ihre langgehegten Wünsche und Träume, und genießen Sie die kleinen und großen Freuden des Lebens. Dazu brauchen Sie nur geistige wie körperliche und auch seelische Fitneß, die Sie sich mit zähem Willen und Durchhaltevermögen jederzeit aneignen können. Dieses Buch soll ein wenig dazu beitragen, daß Sie Ihre Wünsche und Ziele erreichen können, indem die hier vorgestellten Übungsprogramme Sie körperlich und geistig fit machen. Ich wünsche Ihnen dazu viel Erfolg und vor allem: Gesundheit und Wohlbefinden!

Älter werden aus medizinischer Sicht

Altern aus medizinischer Sicht scheint ein geradezu fürchterlicher und unaufhaltsamer Leidensgang zu sein, da so ziemlich sämtliche Organleistungen im Laufe der Jahre eklatante Leistungseinbußen verzeichnen. Diese Sichtweise ist fatal und meistens auch ganz einfach *falsch*, da scheinbar natürliche Alterungsprozesse überaus häufig auf *eigenes Fehlverhalten* zurückzuführen sind. Trägheit, wenig Bewegung, zuviel Kalorienaufnahme, soziale Einschränkungen und Regelungen sind oftmals als die Hauptübeltäter anzusehen, gegen die man jederzeit zielgerichtet angehen kann, es meistens aber nicht tut. Das große Problem liegt dabei nicht darin, daß man es nicht selbst wüßte, daß man sich mehr bewegen, öfter mal anstatt fernzusehen sich aktiv bewegen oder durch das Erlernen neuer Dinge seinen Geist auf Vordermann bringen sollte, sondern darin, daß man seinen berühmten eigenen «inneren Schweinehund» nur halbherzig oder gar nicht bekämpft.

Vor allem Frauen haben genug Entschuldigungen parat, weshalb aufgrund familiärer und/oder beruflicher Belastungen das körperliche Training vernachlässigt werden könnte – schließlich hetzt man sich im Haushalt täglich ab, schleppt tonnenweise Lebensmittel aus dem Supermarkt nach Hause, pflegt und hegt die heimische Botanik und leistet nebenbei noch Betreuungsdienste für die eigene Familie bzw. für andere Menschen. Zusätzlich bringt man im Job tagein, tagaus Höchstleistungen und plagt sich mit diversen Streßfaktoren herum. Eigentlich kommt man gar nicht zum Nachdenken und kippt abends völlig erschlagen ins Bett – irgendwie hat man doch den ganzen Tag Fitneß getrieben! Daß dem leider nicht so ist, merkt man erst so richtig, wenn aus den üblichen Zipperlein irgendwie und scheinbar plötzlich gravierende körperliche Schwächen oder gar Schäden entstehen und sich die Arztbesuche allmählich häufen.

Sehr oft werden eine Reihe von Problemen auch auf klimakterische Beschwerden zurückgeführt, die sich nun mal bei den Frauen ab Mitte

40 als natürlicher biologischer Abbauprozeß ergeben. Hitzewallungen, Schweißausbrüche, psychische Unausgeglichenheit und andere negative Begleiterscheinungen werden einfach so hingenommen – damit muß «frau» sich eben abfinden – eben nicht!! Jede Frau kann sehr viel dazu beitragen, diese biologische Zeituhr anzuhalten oder sogar um einiges zurückzudrehen, wie viele Untersuchungen und Erfahrungsberichte in den letzten Jahren gezeigt haben.

In den folgenden Abschnitten sollen daher nicht nur einfach die medizinischen Auswirkungen der Alterungsprozesse dargestellt werden, sondern es soll vor allem darauf hingewiesen werden, wie man diesen Verschleißerscheinungen aktiv entgegenwirken kann.

Das Skelettsystem

Etliche Veränderungen im Bereich der Gelenke zeigen sich schon in den frühen Erwachsenenjahren. Vor allem die arthrotischen Verschleißerscheinungen in den Knie-, Hüft- und Schultergelenken machen vielen Menschen zu schaffen.

Knackende Gelenkgeräusche, schmerzhafte Bewegungseinschränkungen in den Knien oder in der Schulter sowie zunehmende Probleme beim Laufen und Gehen in der Hüfte und den Knien sind wahrlich keine Seltenheit. Die Ursachen können in genetisch bedingten Fehlstellungen der Gelenke und damit einseitigen Verschleißerscheinungen liegen, sie können aber auch aufgrund dauerhafter Fehlbelastungen in Alltag und Beruf entstehen. Mit Abstand die häufigste Ursache für Veränderungen z. B. der Wirbelsäule, der großen Gelenke und auch der Knochen ist jedoch ein eklatanter Bewegungsmangel. Werden die Gelenkknorpel nicht regelmäßig durch leichte, beweglich machende Übungen der Gelenke «massiert», trocknen sie im Laufe der Zeit aus und werden dünner. Dadurch kommt es zu einem verstärkten mechanischen Abrieb der Knorpelschichten, der schließlich zur kompletten Auflösung führt. Der Gelenkspalt wird so immer enger, bis dann Knochen schmerzhaft aufeinandertreffen und das so arthrotisch verformte Gelenk schließlich vollkommen bewegungsunfähig ist. Werden die Gelenke also nicht systematisch beweglich gemacht, können sie auch nicht mit Nährstoffen versorgt werden, denn die Versorgung im Innenraum der Gelenke erfolgt ausschließlich über Sog- und Druckmechanismen der schwammartig aufgebauten Knorpelschichten.

Die gleichen Mechanismen wirken auch bei der Bewegungseinschränkung der Wirbelsäule, bei der sich durch Fehl- und Mangelbelastungen die Bandscheibe verschleißt. Die Folgen sind hinreichend bekannt: Bandscheibenvorfälle und Rückenschmerzen gehören mit Abstand zu den häufigsten Erkrankungen in den modernen Industrienationen.

Erkrankungen der Knochen zählen leider auch zu den Traditionsleiden der älteren Frauen, wobei sich hier die hormonelle Dysregulation während und nach dem Klimakterium sehr häufig ausgesprochen unangenehm bemerkbar macht. Aufgrund von Östrogenmangel und der damit verbundenen Fehlfunktionen des gesamten Hormonhaushaltes wird die Einlagerung knochenaufbauender Mineralien verhindert, so daß der Knochenschwund rapide voranschreitet. Diese als Osteoporose bezeichnete Krankheit kann aber ganz entschieden durch gezielte Bewegungen – hier vor allem durch kräftigende Übungen, die durch Zug- und Druckmechanismen den Knochenaufbau sehr positiv beeinflussen – verhindert werden.

Es würde zu weit führen, sämtliche Skeletterkrankungen aufzuführen, die im Alter auftreten können. Durch chronische Krankheiten wie Rheuma, Asthma oder auch bestimmte Krebsleiden kann es immer auch zu negativen Einflüssen auf das Knochen- und Knorpelsystem kommen. Ebenso kann eine dauerhafte Medikamenteneinnahme sich krankheitsverstärkend oder sogar auch krankheitserregend auf sämtliche Organsysteme auswirken. Wichtiger als die Auflistung der diversen Krankheiten ist jedoch, wie körperliche und geistige Aktivität sich positiv auf die Organe auswirken können.

Fitneß-Programme wirken sich folgendermaßen positiv bei Skeletterkrankungen aus:

- Der Gelenkknorpel wird besser durchsaftet.
- Der Gelenkknorpel wird verdickt und baut sich neu auf.
- Gelenke werden besser ernährt.
- Arthrose wird verhindert bzw. gestoppt.
- Die Gelenke werden beweglicher.
- Kalzium und andere festigende Mineralien werden in die Knochen eingelagert.
- Die Knochen werden dicker und bleiben belastungsfähiger.

Für die Gelenke sind vor allem die beweglich machenden Übungen von herausragender Bedeutung, während für den Knochenaufbau die kräftigenden Übungen sehr wichtig sind.

Muskeln, Sehnen, Bänder

Für normale Alltagsbeschäftigungen braucht der Mensch nur ca. ein Drittel seiner Gesamtmuskulatur. Werden die anderen zwei Drittel nicht durch entsprechende Wachstumsreize – also durch mehr Bewegung und intensivere Belastungen – gefordert – baut der Körper automatisch im Laufe der Zeit diese überflüssige Muskelmasse ab – es kommt zur Muskelatrophie. Da heutzutage nur noch die wenigsten Menschen körperliche Höchstleistungen im Beruf erbringen müssen, bleibt zum notwendigen Muskelerhalt nur der sportliche Weg.

Entsprechend ihren Funktionen können und müssen Muskeln ausdauernd und/oder kraftorientiert belastet werden, um lebenswichtige Funktionen langfristig erfüllen zu können. Schon ein geringer Muskelschwund wird sich negativ auf die gesamte Statik der Gelenke auswirken, so daß die schon vorher beschriebenen Skeletterkrankungen eine logische Folge von zu gering entwickelten Muskeln sind. Sehr negativ wirken sich vor allem bei Frauen auch die bei geringer Muskelarbeit entstehenden Durchblutungsstörungen der Hände und Füße aus, die mit starker Kälteempfindlichkeit einhergehen und zu einer Verstärkung der isolierend wirkenden Fettschichten der Haut führen. Gewichtszunahme und die häufig gleichzeitig auftretenden Verdauungsstörungen sind oft die Folge der zu geringen Muskelarbeit.

Werden die Muskeln nicht genügend aufgebaut, kommt es im Laufe der Zeit zu einer starken strukturellen Veränderung der Sehnen und Bänder. Bänder – die die Gelenke stabilisieren und in ihrem Bewegungsausmaß limitieren – verkürzen so stark, daß es zu erheblichen Bewegungseinschränkungen kommt. Sehnen, die als «Ausläufer» der Muskeln die Verbindung zum Knochen herstellen, werden bei Untätigkeit und mangelhaftem Gebrauch sehr unelastisch und spröde. Bei zu geringer Anforderung kommt es zu einer zunehmenden Einlagerung von Mineralien in die knochennahen Bereiche der Sehnen, so daß sie selbst knöchern werden und damit die Bewegung immer stärker einschränken. Bei ungenügender Gelenkbewegung können Sehnen auch in den Sehnenscheiden verkleben und versteifen, da die Sehnenscheiden bei zu geringer oder sehr einseitiger Beanspruchung austrocknen können. Regelmäßige Bewegung dagegen verhindert diese Verknöcherungs- und Versteifungsprozesse und sorgt für eine elastische Struktur der Sehnen und Bänder. Vor allem gezielte Dehn-, Beweglichkeits- und Kräftigungsübungen können die Versteifung verhindern. Selbst wenn es schon zu starken Bewegungseinschränkungen gekommen ist, reagieren die Muskeln, Sehnen und Bänder schon nach überraschend kurzer Zeit auf entsprechende Trainingsreize. Es gibt absolut keine altersbedingten Muskel-, Sehnen- oder Bänderbeeinträchtigungen, die nicht durch ein systematisches Training positiv beeinflußt werden könnten. Ein stabiles Muskelkorsett ist zudem der sicherste Schutz bei Stürzen und nimmt die Angst vor Alltagshindernissen (z. B. Treppensteigen, Einstieg in die Badewanne, Fensterputzen auf Trittleitern).

Wer seine Muskeln vernachlässigt, schränkt auch seine geistige Beweglichkeit enorm ein. Die durch körperliche Aktivität entstehenden Nervenverbindungen im Rückenmark und im Gehirn beeinflussen nachdrücklich die Denkfähigkeit. Wer sich nicht oder zuwenig bewegt, sorgt dafür, daß auch Nervenzellen schrumpfen und damit wichtige Koordinationsvorgänge nachhaltig gestört werden. Die häufig festzustellende «Tatterigkeit» älterer Menschen ist auf Muskelfunktionsstörungen zurückzuführen, die sich durch gezielte Bewegungen hervorragend beeinflussen läßt.

Folgende positive Ergebnisse sind durch Training für den Muskel-, Sehnen- und Bandapparat zu erwarten:

- Durch Ausdauertraining werden die Muskeln besser durchblutet und das gesamte Herz-Kreislauf-System aktiviert.
- Durch kräftigende Übungen wird der Muskelabbau gestoppt und die Muskeln wieder aufgebaut.
- Durch ein stabiles Muskelkorsett wird der gesamte Körper vor Verschleißerscheinungen geschützt.
- Elastische Bänder und zugkräftige Sehnen garantieren eine optimale Gelenkbeweglichkeit.
- Eine gut funktionierende Muskulatur prägt die geistige Wachsamkeit.
- Kräftige Muskeln schützen vor Kälte.
- Kräftige Muskeln halten jung.

Das Herz-Kreislauf-System

Durchblutungsstörungen, Thromboseneigung, Krampfadern und pfeifende Lungen – so präsentiert sich oft der alternde Mensch. Ziemlich dramatisch äußern sich ganz generell die Durchblutungsstörungen, die aufgrund zunehmender Verkalkung der Arterien zustande kommen. Diese Anlagerung von unzähligen kleinsten Partikeln an den Gefäßwänden ist meistens das Ergebnis unzureichender Bewegung und falscher Ernährung. Zu hohe Anteile ungesättigter Fettsäuren in der Nahrung läßt den Cholesterinspiegel (der Anteil der sogenannten Low-density-Lipoproteine) in die Höhe schnellen, was zu einer Versteifung und Verengung der Blutgefäße führt. Als Folge dessen steigt der Blutdruck in die Höhe, und das Herz wird sehr unökonomisch belastet. Gleichzeitig nimmt die Sauerstoffbindefähigkeit der roten Blutkörperchen ab, die Versorgung des Blutes mit Sauerstoff wird durch die parallel verlaufende zunehmende Verstopfung der Bronchien drastisch reduziert.

Da viele ältere Menschen zudem viel zuwenig Flüssigkeit zu sich nehmen, kommt es zu einer eklatanten Dehydration (Austrocknung). Damit verändert sich die Fließeigenschaft des Blutes – das Blut wird dicker und zähflüssiger, was die Arteriosklerose stark begünstigt. Außerdem kommt es zu einer sehr schlechten Versorgung der Zellen mit Nährstoffen sowie zu einem noch schlechteren Abtransport der Stoffwechselprodukte, die zusätzlich noch durch die zu geringe Flüssigkeit kaum richtig gefiltert und gereinigt werden können.

Diese «Alterungserscheinungen» müssen überhaupt nicht zutage treten, denn das Herz-Kreislauf-System reagiert geradezu phänomenal auf systematisches Training. Schon nach wenigen Trainingseinheiten können Verbesserungen festgestellt werden, die das gesamte Wohlbefinden positiv beeinflussen. Gerade in diesem Bereich gibt es eine Fülle von wissenschaftlichen Untersuchungen, die belegen, wie effektiv die Herz-Kreislauf-Erkrankungen durch körperliche Aktivität bekämpft werden können.

Folgende Wirkungen hat ein Herz-Kreislauf-Training:

- Sämtliche Organe des Körpers werden besser durchblutet.
- Die Herzarbeit wird ökonomisiert.
- Das Kapillarnetz wird erweitert.
- Hoher Blutdruck wird gesenkt.
- Zu niedriger Blutdruck wird normalisiert.
- Sekretstaus in der Lunge und den Bronchien werden abgebaut.
- Die Fließeigenschaften des Blutes werden positiv verändert.
- Die Sauerstoff-Bindefähigkeit der roten Blutkörperchen wird verbessert.
- Blutgefäße werden elastischer und erweitern ihren Durchmesser.
- Das Immunsystem wird gestärkt.
- Arteriosklerose wird reduziert.
- Die Zellen werden besser mit Nährstoffen versorgt.
- Der Abtransport von Schlackenstoffen wird beschleunigt.
- Der Cholesterinspiegel wird gesenkt.

An dieser Stelle könnten noch mehrere Dutzend positive Effekte eines gezielten Herz-Kreislauf-Trainings aufgeführt werden, worauf aus Platzgründen verzichtet werden muß.

Die inneren Organe

Die inneren Organe wie Nieren, Galle, Leber, Magen-Darm-Trakt sowie das gesamte endokrinologische System (Drüsen) weisen im fortgeschrittenen Alter deutliche Funktionseinschränkungen auf. Nieren- und Gallensteine treten verstärkt auf, Verdauungsprobleme gehören eigentlich zum Alltag, und auch «Altersdiabetes» ist schon fast klassisch. Durch die Ablagerung von diversen Giftstoffen in den Organen, Gelenken und diversen Zellen kommt es neben den bei der Zellteilung verstärkt auftretenden schlechten «Kopiervorgängen» zu zusätzlichen Zellschädigungen, weil immer mehr Fremdkörper in die Zellen eindringen und dort viele Funktionen stören.

Auf die Bedeutung einer ausreichenden Flüssigkeitszufuhr wurde schon hingewiesen, aber gerade auch im Zusammenhang mit Funktionsstörungen der inneren Organe muß nochmals besonders auf die verheerende Wirkung von Wassermangel hingewiesen werden. Der Abbau vieler Giftstoffe durch die reinigenden Organe Niere, Leber und das Lymphsystem kann nur dann erfolgreich vonstatten gehen, wenn die Wasserzufuhr täglich bei ca. 2–3 Litern liegt. Die wenigsten älteren Menschen kommen auf diesen Wert, der sich z. B. bei großer Hitze oder starker körperlicher Aktivität verdoppeln oder sogar verdreifachen kann. Nierensteine und Verstopfung sind geradezu klassische Beispiele für die krankmachende Wirkung von Flüssigkeitsmangel, wobei die dadurch ausgelösten Kettenreaktionen wie Blutdrucksteigerung, Durchblutungsstörungen, Gleichgewichtsstörungen oder auch Gicht nachher das Bild der «multiplen» Erkrankungen ergeben.

Ältere Menschen reduzieren oftmals die Flüssigkeitszufuhr, wenn sie kein Durstgefühl mehr empfinden. Es ist nicht ratsam, sich hier auf sein Gefühl zu verlassen, weil dieses Gefühl einfach nicht mehr die richtigen Signale setzt. Hinzu kommt, daß viele Menschen unter Inkontinenz leiden, wobei der Harndrang nicht mehr unter Kontrolle gehalten werden kann. Schon bei leichtem Niesen oder Husten öffnet sich die Harnblase, weil der Schließmuskel der Blase nicht mehr richtig funktioniert. Dieses Nässen wird meistens als sehr peinlich empfunden, weshalb etliche Menschen dann auf belastende Bewegungen wie Sport ganz verzichten, da hier durch die Erschütterungen die Inkontinenz sehr leicht ausgelöst werden kann. Dabei wird aber völlig verkannt, daß durch gezielte Beckenboden- und Bauchübungen gerade diese Muskulatur äußerst günstig beeinflußt und gekräftigt werden kann, so daß nach etwas Übung Inkontinenz gar kein Problem mehr ist. Jede körperliche Aktivität, die eine bestimmte Intensität überschreitet, erfordert eine Erhöhung der Flüssigkeitszufuhr – Sport macht durstig, was den eben dargestellten Problemen sehr gut entgegenkommt. Allein schon die erhöhte Wasserzufuhr kann etliche Verdauungs- und Durchblutungsprobleme lösen – dazu braucht man in der Regel überhaupt keine Medikamente!

Sport löst gerade im Bereich der inneren Organe eine Fülle von Problemen quasi «automatisch» mit. So wird z. B. die Hormonproduktion stark stimuliert, was gerade bei Frauen in und nach den Wechseljahren zu sehr günstigen hormonellen Bedingungen führt. So wird z. B. durch kräftigende Übung die Bildung des männlichen Hormons Testosteron gefördert, das aber interessanterweise u. a. mit Hilfe der Fettzellen bei Frauen in Östrogene umgewandelt werden kann. Allein dieser Prozeß führt zu einer Kettenreaktion positiver Stimulantien, die hier im einzelnen gar nicht dargestellt werden können.

Zusätzlich werden bei günstigen Belastungen im Sport «Glückshormone» wie die Endorphine freigesetzt, die sich sehr positiv auf die Psyche auswirken.

Sport erhöht neben der Hormonausschüttung auch die Neuproduktion von Enzymen, so daß viele Zellaktivitäten günstig stimuliert werden.

Ebenso wird durch die Stimulation der Bauchspeicheldrüse die Zuckerverwertung reguliert, so daß Diabetes sehr günstig beeinflußt werden kann.

Die hormonellen Veränderungen wirken sich auch auf das Nervensystem aus. So werden durch sportliche Aktivitäten z. B. Stoffe gebildet, die sich wie schmerzstillende Mittel auswirken, weil sie die Empfindlichkeit der Nervenzellen herabsetzen. Sport härtet also im wahrsten Sinne des Wortes ab.

Der verstärkte Giftabbau und die verbesserten Reinigungsprozesse des Blutes senken die Tromboseneigung und wirken Herzinfarkten und Gehirnschlägen entgegen. Gleichzeitig wird das Immunsystem entlastet und gestärkt, so daß die Widerstandsfähigkeit gegen Infektionen insgesamt gesteigert wird.

Zusammenfassend lassen sich die positiven Wirkungen von Fitneß-Training auf die inneren Organe wie folgt darstellen:

Steigerung der Hormonproduktion, verbesserte Enzymaktivität, deutlicher Abbau von Gift- und Schlackenstoffen, verbesserte Verdauung, Reduktion von Inkontinenz, Stärkung des Immunsystems, verbesserte Zellaktivitäten, Vermeidung von Altersdiabetes, Schmerzreduktion u. v. a. m.

Man könnte sicherlich noch etliche Krankheiten und Krankheitssymptome auflisten, die im Laufe der Jahre den Menschen plagen (können), aber eine solche Liste führt meistens nur dazu, daß man sich schon beim Lesen schlechter fühlt. Es ist eine uralte Erkenntnis, daß das objektive Vorhandensein von Krankheitserregern oder Symptomen noch lange nicht die Krankheiten hervorbringt. Jeder Mensch kämpft täglich mit einem Millionenheer von Bakterien und Viren, ohne sich dessen bewußt zu sein. Das körpereigene Abwehrsystem ist bei günstigen psychophysischen Bedingungen durchaus in der Lage, mit den eindringenden «Feinden» zurechtzukommen, und kann Krankheiten äußerst wirksam selbst bekämpfen.

Deshalb ist die rein funktionell-medizinische Betrachtungsweise des Menschen von vornherein trügerisch und einseitig, zumal der Mensch eben nicht wie eine Maschine funktioniert. Ein wirklich menschliches Charakteristikum ist seine große Gefühlswelt, die dominant bestimmt, ob er sich gut oder schlecht, gesund oder krank «fühlt». Interessanterweise fühlen sich körperlich aktive Menschen meistens wesentlich besser, auch wenn sie objektiv unter den gleichen Beschwerdebildern leiden wie die passiven.

Älter werden aus psychologischer Sicht

Alterungsvorgänge werden sehr viel mehr durch Denkweisen und psychologische Verhaltensmuster geprägt als durch rein biologische Verschleißprozesse. Deshalb müssen die «psychosomatischen» Einflüsse sehr stark in den Vordergrund gerückt werden. Von Erwachsenen wird eigentlich immer erwartet, daß sie sich in einer besonderen Art und Weise verhalten – gemessen, reif, überlegen, ruhig, gelassen usw. Spontane Gefühlsäußerungen, Herumalbern, Toben und Ausgelassensein ordnet man den Kindern und Jugendlichen zu, während man mit zunehmendem Alter auf bestimmte Rollen und Verhaltensmuster fixiert wird. Gott sei Dank muß man sich heute als 50jährige nicht mehr schwarz kleiden, gestärkte Schürzen und Hauben als Statussymbole tragen, und man wird auch nicht mehr in den Schaukelstuhl verdonnert. Dennoch prägen definierte Verhaltensmuster unser Leben, die uns als solche schon alt wirken lassen. Heute muß man nicht mit 50 die Rolle der gütigen Großmutter übernehmen, sondern man hat das Recht (und eigentlich sogar die Pflicht), sich als mitten im Leben stehend zu betrachten und die Zukunft aktiv zu planen.

Wie man sich tatsächlich verhält, hat sehr viel mit Selbstwahrnehmung und Selbstbestimmung zu tun. Wer sich selbst als jung, aktiv, neugierig und lebenslustig wahrnimmt, wird sich entsprechend verhalten und dem Leben viele positive Seiten abgewinnen. Wer sich selbst als ausrangiertes Modell sieht, das nur noch ein Mauerblümchendasein im Schatten der lieben Familie oder der Kollegen fristen darf, wird sich innerlich und äußerlich auf die Rolle der «Alten» einstellen und sich dementsprechend auch fühlen.

Man ist so alt, wie man sich fühlt

Gefühle bestimmen, wie alt man ist, weshalb Alter eben nicht an kalendarische Grenzen gebunden ist. Man kann sich mit 50 Jahren jünger fühlen als eine Zwanzigjährige, was noch lange nicht heißen muß, daß man sich kindisch verhält. Die innere Gefühlswelt bestimmt weitgehend, wie alt man wirkt und aussieht. Wenn man sich also jung fühlen will, muß man sich nur so verhalten, als wäre man jung – man trotzt Problemen, nimmt alles nicht so ganz ernst, sieht die positiven Seiten des Lebens und freut sich jeden Tag auf etwas Neues. Sich jung fühlen heißt auch, sich jung zu bewegen, also möglichst viel «überflüssige» Bewegungen zu tun, so wie man sie bei Kindern oft noch beobachten kann. Die Reduktion auf die ökonomische «Erwachsenenmotorik» läßt das Alter nach außen deutlich werden: Wer noch hüpfen und springen kann, wer schnell läuft, Rad schlägt und Purzelbäume macht, wirkt einfach jung, weil er sich jung verhält. Und wer sich so motorisch äußert, fühlt sich in der Regel auch pudelwohl und gesund, denn ein kranker Mensch kommt wohl kaum auf die Idee, sich hüpfend über die Straße zu bewegen.

Die Grundvoraussetzung für körperliches und geistiges Wohlbefinden ist deshalb die Abkehr von medizinisch-funktionalistischen Betrachtungsweisen des Menschen und die Einbindung positiver Grundeinstellungen in das alltägliche Verhalten.

Attraktiv und begehrenswert

Das, was noch vor wenigen Jahren undenkbar schien, ist heute schon selbstverständlich: Auch mit 50 Jahren hat man noch das Recht, attraktiv und begehrenswert zu sein. Sexualität spielt auch im Alter noch eine große Rolle und ist oftmals das treibende Motiv zum Jungfühlen. Leider glauben aber noch immer viele Frauen, daß mit dem Beginn der Wechseljahre ihr Sexualleben beendet ist und daß sie körperlich nicht mehr attraktiv genug für einen Mann sind. Sie flüchten deshalb geradezu in die Rolle der asexuellen Großmutter und wenden sich innerlich und äußerlich von sich selbst ab. Der Verzicht auf äußerliche Attraktivität geht meistens mit dem Verzicht auf ein selbstbestimmtes und erfülltes Leben einher – es ist ja auch einfach, sich gehenzulassen und dem Alter die Schuld an den nachlassenden Körperfunktionen zu geben.

Wie lebenslustig und sexy aber so manche 50jährige heute sein kann, zeigen uns so bekannte Beispiele wie Sophia Loren, Senta Berger, Jane Fonda oder Tina Turner, die sich alle dadurch auszeichnen, daß sie ihrem Körper viel Zeit widmen und sich innerlich und äußerlich sehr pflegen. Die Ausrede, daß man als Hausfrau und Mutter für solchen «Firlefanz» einfach keine Zeit hat, muß zurückgewiesen werden, denn nachweislich leisten sportlich aktive Frauen wesentlich mehr – sowohl im Haushalt als auch im Beruf – als solche, die scheinbar keine Zeit zum Sporttreiben haben. Aufgrund ihrer höheren physischen und psychischen Belastbarkeit werden sie nämlich wesentlich besser mit den Anforderungen in Haushalt und Beruf fertig, können mehr und effektiver arbeiten und haben aufgrund einer hervorragenden Koordinationsfähigkeit dann auch noch viel Zeit für sich selbst.

Sie schaffen es dann auch noch, attraktiv und begehrenswert zu sein, was ihnen oftmals den Neid ihrer Geschlechtsgenossinnen einbringt. Die sportlichen Fünfzigjährigen zeichnen sich durch ein wesentlich strafferes Bindegewebe aus, leiden weniger unter Krampfadern und Cellulite, haben weniger Gewichtsprobleme und eine schönere Haut. Diese positiven Ergebnisse sind allerdings nicht nur auf günstigere genetische Bedingungen zurückzuführen, sondern in aller Regel das Resultat eines regelmäßig durchgeführten Fitneß-Programmes.

Die seelischen Auswirkungen

Daß sich die äußerlichen Vorteile unmittelbar auch in der inneren Einstellung niederschlagen, ist sicherlich keine große Überraschung. Dennoch darf man den rein äußerlichen Faktoren nicht zu viel Bedeutung beimessen, denn es gibt gewiß auch gutaussehende Frauen, die nicht unbedingt glücklich sind.

Körperliche Aktivität muß dennoch als ein besonders wichtiger Faktor für das Wohlbefinden und die innere Zufriedenheit herausgestellt werden.

Die körperliche Leistungsfähigkeit fördert die aktive Lebensgestaltung. Durch die verbesserte Durchblutung wird man aufnahmefähiger und lernt leichter, bleibt wach und rege und nimmt stärkeren Anteil am Leben. Der äußeren Kraft entspricht dann auch die stärkere innere Kraft, mit der man das Leben wesentlich besser meistern kann, einer gesteigerten Ausdauer entspricht das innere Durchhaltevermögen. Die körperliche Beweglichkeit fördert die geistige Flexibilität, mit der man dem berüchtigten Altersstarrsinn hervorragend entgegenwirken kann. Auch wenn diese Zusammenhänge zwischen körperlicher und seelischer Fitneß noch lange nicht eindeutig nachgewiesen sind, zeigen doch eine Reihe wissenschaftlicher Untersuchungen, daß die gegenseitigen Beeinflussungen ungeheuer groß sind.

Älter werden aus sozialer Sicht

Das größte Problem vieler älterer Menschen ist die soziale Isolation. Der Rückzug aus dem Berufsleben geht meistens mit einer Reduktion der Sozialkontakte einher, da in vielen Fällen die Kollegen die Tür zur Außenwelt öffnen. Wer sich nicht rechtzeitig einen großen Freundeskreis aufgebaut hat oder durch eine große Familie viele Kontakte mit anderen Menschen hat, leidet im Alter häufig unter Vereinsamung und Alleinsein. Wenn dann noch durch die zunehmenden körperlichen Beschwerden der tägliche Einkauf durch Hilfskräfte erledigt werden muß, bleibt nur noch das Radio oder der Fernseher als Vermittler des Lebens von draußen. Die gelegentlichen Besuche der Kinder, Enkel oder des Pflegedienstes können nur als lausiger Ersatz für das eigentliche Leben mittendrin bezeichnet werden, in das die meisten sich hineinwünschen.

Der körperliche Zerfall wirkt sich hier besonders nachteilig und gravierend aus. Tatsächlich wird bei vielen älteren Menschen die Treppe zum unüberwindlichen Hindernis, die Badewanne zur sturzgefährdenden Hürde und das Schneiden der eigenen Fußnägel zu einem unerträglichen Verrenkungsmanöver. Wenn man die eigene Körperpflege in andere Hände abgeben muß, ist es aus mit der Selbstbestimmung und einem eigenverantwortlichen Leben.

Fitneßtraining öffnet Horizonte

Mit 50 Jahren ist man noch jung genug, um sich auf ein qualitativ hochwertiges Leben systematisch vorzubereiten. Dazu muß man nur von der fatalistischen Einstellung Abschied nehmen, daß alles kommen wird, wie es kommen muß, und daß man im Grunde genommen sowieso nichts gegen das Altern unternehmen kann. Die Verbesserung der körperlichen und geistigen Leistungsfähigkeit ist nahezu ausschließlich davon abhängig, wie sehr man sich selbst in jeder Hinsicht fordert und fördert. Dabei liegt die Betonung auf der Eigenverantwortlichkeit, denn helfen kann man im Grunde genommen immer nur sich selbst.

Fitneß-Training ist die Grundvoraussetzung zur Teilnahme am Leben, denn nur wer sich körperlich frei bewegen kann, hat die Möglichkeit, sich aus der Isolation der eigenen vier Wände herauszubegeben. Je mehr man sich selbst fordert und abverlangt, desto mehr wird der Körper sich an die Herausforderungen anpassen, wobei selbstverständlich bestimmte Leistungsgrenzen nicht überschritten werden dürfen.

Mit der körperlichen Freiheit erwirbt man auch die geistige und seelische Freiheit, die für ein erfülltes Leben von vorrangiger Bedeutung sind und mit denen man seinen Horizont öffnen und erweitern kann.

Trainieren trotz und wegen Funktionseinbußen

Es gibt normalerweise absolut keinen Grund, sich dem Fitneß-Training oder dem Sport zu entziehen. Die Ausreden, man leide schließlich an Gelenkbeschwerden, die Durchblutung funktioniere nicht mehr so richtig oder das Rheuma mache einem so zu schaffen, müssen fast immer unter der Überschrift «Faulheit» aufgelistet werden. Auch die häufig ärztlich verordnete «Schontherapie» fällt in diese Kategorie, die letztendlich nur dazu beiträgt, daß es einem ständig schlechter geht.

Mit Ausnahme von akuten Verletzungen, akuten Infektionen oder Entzündungen gibt es eigentlich keine Gründe für Sport- und Bewegungsabstinenz. In allen anderen Fällen wird ein systematisches, dem aktuellen Leistungsniveau angepaßtes Trainingsprogramm schon nach kurzer Zeit zu merklichen Verbesserungen führen. Die Ausrede

«Ich kann nicht», muß eigentlich fast immer durch ein ehrliches «Ich will nicht» ersetzt werden, denn selbst gravierende Funktionsstörungen bestimmter Organe oder Körperteile geben keinen Anlaß, ein Training nicht zu beginnen oder es abzubrechen.

Die Frage, ob es bestimmte Sportarten gibt, die man im Alter meiden sollte, muß mit einem schlichten «Nein» beantwortet werden. Wer sein Leben lang Tennis gespielt hat oder in die Berge geklettert ist, kann das so lange weitermachen, wie er oder sie sich dabei wohl fühlt. Wer Lust hätte, eine neue Sportart zu erlernen, sollte diesem Wunsch entsprechen – allerdings unter der Voraussetzung, daß man sich auf die Anforderungen dieser neuen Sportart richtig vorbereitet.

Prinzipiell wird alles, was einem Spaß macht, der Gesundheit und dem Wohlbefinden dienlich sein. Unkenrufe, daß man z. B. mit 50 nicht noch Ski fahren oder skaten lernen sollte (dafür ist man schließlich schon zu alt!!!), sollte man schlicht ignorieren – lassen Sie die anderen doch ruhig alt werden. Wenn Sie sich jung genug fühlen und es eigentlich immer schon mal gerne (was auch immer) lernen wollten, dann tun Sie es einfach!

Trainieren und Wohlfühlen

Bevor man sich – nach langdauernder Überwindung und vielleicht auch etwas zähneknirschend – in das neue Fitneß-Leben stürzt, sollte man sich einen Eindruck von der aktuellen Leistungsfähigkeit des eigenen Körpers verschaffen. Wer jahrelang keinen Sport getrieben hat, sollte sinnvollerweise mit dem Arzt Rücksprache halten, ob akute Probleme das Aufnehmen eines Fißneß-Programmes verhindern könnten. Der Arzt kann im Regelfall auch einen Herz-Kreislauf-Test (Ergometer-Test unter Standard-Bedingungen) durchführen, der eindeutig Aufschluß darüber gibt, wie hoch und wie lange man sich aufgrund des aktuellen Leistungsniveaus im Bereich Ausdauer belasten kann. Ebenso kann eine orthopädische Diagnose Aufschluß über Muskeldysbalancen, Gelenkprobleme und Beweglichkeitseinschränkungen (z.B. Funktionstest nach JANDA) geben. Diese Tests sind aber im Zusammenhang mit diesem Buch nur bedingt sinnvoll, da ein systematisches Training an standardisierten Trainingsgeräten hier nicht behandelt wird. An dieser Stelle soll aber ausdrücklich auf die äußerst positiven Trainingswirkungen an Herz-Kreislauf-Geräten (z.B. Fahrrad-Ergometer, Laufband, Rudergerät, Stepper, Skywalker) oder Fitneß-Geräten (Kraft-Trainingsmaschinen) hingewiesen werden, deren Trainingseffizienz in der Regel deutlich über der Wirksamkeit gymnastischer Übungen liegt. Hinzu kommt, daß ein betreutes Training durch einen qualifizierten Trainer immer auch den Vorteil der Übungs- und Trainingskontrolle hat, bei der die Übungsausführung auch korrigiert wird. Haltungs- oder Übungsfehler, die man in der Regel selbst nicht erkennt oder als solche wahrnimmt, können so objektiv erkannt und korrigiert werden.

Dennoch sollte auch beim Training zu Hause auf kleine Leistungs-Tests nicht verzichtet werden. Sie sollen vor allem dazu dienen, Leistungsveränderungen (möglichst Verbesserungen) an und in sich selbst zu dokumentieren. Tests sollen dazu beitragen, die Trainingsbelastung sinnvoll zu steuern. Jede Verbesserung bewirkt einen kleinen Motivationsschub, weil man so schnell feststellt, daß dem Alterungsprozeß sehr aktiv Einhalt geboten werden kann. Tests sollen hier nicht dazu dienen, sich im Vergleich mit anderen zu messen, der einzige Vergleich, den man anstellt, ist der Vergleich mit sich selbst, vorher und nachher.

Herz-Kreislauf-Test

Ein Herz-Kreislauf-Test wird normalerweise unter Standardbedingungen an bestimmten Geräten durchgeführt, die aber in der Regel zu Hause nicht zur Verfügung stehen. Im Rahmen dieses Buches sollte die Herz-Kreislauf-Leistung vor allem während der Aufwärm-Übungen kontrolliert werden. Die in der folgenden Tabelle enthaltenen Richtwerte für eine angemessene Pulsbelastung sollten in der Aufwärmphase erreicht werden, um die Durchblutung zu verbessern. Wer richtig herzkreislaufwirksam trainieren möchte, sollte diese Pulsbelastung dann kontinuierlich über einen Zeitraum von 20 bis 30 Minuten beibehalten, um eine echte Verbesserung der Ausdauer zu erreichen. Bei Anfängern kann die Zeit zunächst auf 10–15 Minuten (eventuell sogar kürzer) beschränkt werden, bis die Muskelkraft so gesteigert wurde, daß eine bestimmte Übung wie Gehen, Laufen oder auch Schwimmen ausdauernd durchgeführt werden kann. Oftmals genügt bei Anfängern ein strammer Spaziergang, um diese Effekte zu erreichen.

Wie wird der Puls gemessen?

Vor, während und nach einer Belastung wird der Puls entweder mit den Fingerspitzen an der Handschlagader unterhalb des Daumens am Handgelenk (Radialisarterie) oder unterhalb des Kinns neben der Luftröhre (Carotisarterie) manuell gemessen. Man zählt dann über 10 Sekunden die Pulsschläge und multipliziert den ermittelten Wert mit 6, das ergibt die Pulsschläge pro Minute. Selbstverständlich können auch moderne Pulsmeßgeräte eingesetzt werden, die es in verschiedenen Formen – als Brustgurte oder als Handgelenkuhren – im Handel zu kaufen gibt. Der Vorteil moderner Pulsmeßgeräte liegt darin, daß während des Trainings kontinuierlich die Herzfrequenz überprüft wird und das manchmal doch umständliche und zeitraubende manuelle Meßverfahren entfällt. Die möglichen Fehlerquellen beim Messen sind bei modernen Pulsmeßgeräten auch deutlich geringer als bei der manuellen Messung.

Folgende Pulsmessungen sollten Sie regelmäßig durchführen:

- RP = Ruhepuls, der Puls, der vor Beginn des Trainings ermittelt wird.
- BP = Belastungspuls, der Puls, der unmittelbar nach einer Übung gemessen wird.
- EP = Erholungspuls, der Puls, der 2 Minuten nach Ende einer Übung gemessen wird.

Dabei gilt die Faustregel, daß der Erholungspuls 2 Minuten nach der Belastung um ca. ein Drittel des Belastungspulses reduziert sein sollte.

Beispiel: Während einer Ausdauerbelastung wurde eine Pulsfrequenz von 140 ermittelt. Nach 2 Minuten sollte dann also der Erholungspuls um ein Drittel von 140 = 46,6 also ca. 47 Schlägen pro Minute zurückgegangen sein. Der Erholungspuls sollte dementsprechend bei ca. 93 Schlägen/Minute liegen.

Pulsfrequenz beim Ausdauertraining (Orientierungswerte)

Ruhepuls	**Alter**					
Schläge/min.	**unter 30**	**30–39**	**40–49**	**50–59**	**60–70**	**über 70**
Unter 50	135	135	130	125	120	115
50–59	135	135	130	125	120	115
60–69	140	140	135	130	125	120
70–79	140	140	135	130	125	120
80–89	145	140	135	130	125	120
90–100	145	145	140	135	130	125

Ermitteln Sie zunächst anhand der Pulstabelle, mit welchem Trainingspuls Sie sich belasten sollten. Stellen Sie dazu zuerst Ihren Ruhepuls fest. Sehen Sie dann in der Tabelle nach, welche Pulsempfehlung für Ihr Alter vorgegeben ist. Wenn Sie gut trainiert sind, können Sie 5 oder bei sehr gutem Trainingszustand 10 Pulsschläge zu diesem Belastungspuls addieren. Wenn Ihr Trainingszustand eher schlecht ist, reduzieren Sie die vorgegebene Pulsfrequenz um 5 Schläge.

Ein Beispiel:
Sie sind 54 Jahre alt, haben einen Ruhepuls von 84 und sind eher schlecht in Form. In der Tabelle finden Sie im Kreuzpunkt der Ruhepuls- und Altersspalte den Wert 130. Da Sie schlecht trainiert sind, reduziert sich der Wert auf 125 Schläge pro Minute, der nun als vorläufige Empfehlung für Ihre Herz-Kreislauf-Belastung gilt. Diesen Wert sollten Sie während des Aufwärmens oder auch während eines Spazierganges erreichen. Je nachdem, ob Sie diesen Wert nun während des Trainings über- oder unterschreiten, sollten Sie die Übungen in der Intensität reduzieren oder aber erhöhen, d. h. langsamer oder schneller ausführen. Dementsprechend wird sich der Pulsschlag verlangsamen oder erhöhen. Normalerweise reguliert sich die Pulsfrequenz im optimalen Trainingsbereich dann, wenn man subjektiv die Belastung als höchstens «mittelschwer» empfindet. Oftmals genügen anfänglich auch «leichte» Belastungen, um herzkreislaufwirksame Effekte durch Training zu erreichen.

Da man sich gefühlsmäßig anfangs allerdings sehr verschätzen kann, wenn es um die richtige Belastungsdosierung geht, sollte man zwischendurch immer mal wieder den Puls kontrollieren. Übungen, die zunächst als «leicht» oder sogar «sehr leicht» empfunden werden, werden nach einiger Zeit dann doch schwerer. Mit zunehmender Übersäuerung der Muskulatur steigt dann auch die Pulsfrequenz an, oftmals rascher, als man vermutet. Dann muß die Belastung reduziert oder eventuell abgebrochen werden. Wenn das Ausdauerleistungsvermögen sich verbessert, was in der Regel sehr schnell geschieht, können die Übungen immer länger durchgeführt werden. Sobald die Ausdauerbelastung dann durchgängig als «leicht» empfunden wird, kann die Intensität (z. B. das Tempo beim Gehen oder Laufen, die Steigerung der Wattzahl beim Radfahren) erhöht werden. Optimal sind dann Ausdauerbelastungen von ca. 30 Minuten, die 2- bis 3mal wöchentlich durchgeführt werden sollten.

Wie kontrolliere ich den Blutdruck?

Blutdruckmessungen können heute sehr unproblematisch mit modernen digitalen Meßgeräten selbst vorgenommen werden. Dabei wird die Manschette um den linken Oberarm oder um das linke Handgelenk gelegt und dann den Anweisungen des Meßgeräteherstellers einfach gefolgt. Moderne Blutdruckmeßgeräte zeigen den systolischen und diastolischen Blutdruck-Wert digital an, müssen also nur noch abgelesen werden. In der Regel messen diese Geräte auch gleichzeitig die Pulsfrequenz.

Für viele ältere Menschen ist die Blutdruckkontrolle in Ruhe und auch unter Belastung von großer Bedeutung, da die latente Gefahr des Bluthochdruckes nicht unterschätzt werden darf. Es ist daher sinnvoll, regelmäßig den Blutdruck zu überprüfen. An dieser Stelle soll darauf hingewiesen werden, daß es bei der Aufnahme eines körperlichen Trainings nach jahrelanger Sportabstinenz oder nur sehr geringer physischer Auslastung anfänglich zu starken Blutdruckschwankungen kommen kann, die auch einige Zeit nach dem Training noch anhalten können. Diese Schwankungen regulieren sich aber in aller Regel nach einem kontinuierlich fortgesetzten Training von allein, wenn der Körper gelernt hat, angemessen auf sportliche Aktivitäten zu reagieren. Da der Blutdruck während des Tages ohnehin starken biorhythmischen Schwankungen ausgesetzt ist, sind unterschiedliche Meßergebnisse zu unterschiedlichen Tageszeiten normal. Dennoch sollten die Blutdruck-Werte folgende Grenzen nicht überschreiten:

Systolischer Blutdruck in Ruhe (Druck während der Kontraktionsphase des Herzens): 100 plus Lebensalter, maximal 150 mmHg

Diastolischer Blutdruck in Ruhe (Druck während der Erschlaffungsphase des Herzens): 90 mmHg

Systolischer Blutdruck während der Belastung: 200 mmHg

Diastolischer Blutdruck während der Belastung: 100 mmHg

Tragen Sie möglichst regelmäßig Ihre Puls- und Blutdruck-Werte in das Trainingsprotokoll (S. 30) ein. Bei häufigerem Überschreiten der oben genannten Grenzwerte sollte unbedingt der Arzt aufgesucht werden, um die Ursachen des Bluthochdrucks zu erkennen und zu therapieren.

Trainingsprotokoll Herz-Kreislauf

Datum	RP	BP	EP	RR- Ruhe	RR- Belast.	Übung Nr. min	Nr. min	Nr. min

RP = Ruhepuls; BP = Belastungspuls; EP = Erholungspuls nach 2 Minuten; RR-Ruhe = Ruheblutdruck; RR-Belast. = Belastungspuls-Blutdruck unmittelbar nach der Belastung; Übung Nr. min = hier Übung aus dem Aufwärmprogramm und die Übungsdauer eintragen

Krafttest

Es wird hier bewußt auf standardisierte Testübungen im Bereich Kraft verzichtet. Jede Übung, die Sie durchführen, ist gleichzeitig auch eine Testübung. Dabei werden die bei einer bestimmten Übung eingesetzten Muskelgruppen in der jeweils spezifischen Beanspruchung eines Bewegungsablaufes gekräftigt. Dies geschieht einerseits «dynamisch», d. h., der Körper oder bestimmte Körperteile werden dabei bewegt, wobei entweder das Gewicht des Körperteils (z. B. der Arm, das Bein oder der Rumpf) gegen die Schwerkraft arbeiten muß, oder aber es wird durch Zusatzgewichte (z. B. Hanteln) diese Arbeit noch erschwert. Bei den dynamischen Übungen kann man Leistungsverbesserungen leicht daran erkennen, daß man eine Übung immer häufiger hintereinander durchführen kann und immer weniger Pausen machen muß. Andere Übungen dagegen erfordern Haltekraft, die Muskeln werden «isometrisch» beansprucht. Hier zeigen sich Leistungssteigerungen dadurch, daß man die Übungen immer länger halten kann.

Wie teste ich meine Kraft?

Wenn Sie eine bestimmte Übung zum erstenmal ausführen, zählen Sie ganz einfach mit, wie oft Sie diese Übung durchführen können, bis Sie sie als «anstrengend» oder «schwer» empfinden. Sobald eine Übung als «schwer» empfunden wird, sollte sie abgebrochen werden, denn dann ist die momentane Leistungsgrenze der entsprechenden Muskulatur erreicht. Tragen Sie dann die ermittelte Wiederholungszahl der Übung in das Trainingsprotokoll (S. 32) ein. Leistungsverbesserungen können Sie anhand der Wiederholungszahlen leicht erkennen.

Manche Kräftigungs-Übungen sind «Halteübungen», d. h., es kommt darauf an, den Körper so lange wie möglich in einer bestimmten Position zu fixieren und die Muskeln isometrisch anzuspannen. Solche Übungen dienen der Verbesserung der Maximalkraft und wirken vorwiegend stabilisierend auf die Gelenke. Zählen Sie bei solchen Übungen die Sekunden, und tragen Sie sie dann in das Trainingsprotokoll ein. Leistungsverbesserungen können Sie leicht daran erkennen, daß bestimmte Übungen immer länger gehalten werden können. Achten Sie bei diesen Übungen besonders darauf, regelmäßig weiterzuatmen, da isometrische Beanspruchungen fast immer zum Luftanhalten verleiten (Tip: laut zählen, singen oder pfeifen – das verhindert auf jeden Fall die Preßatmung).

Trainingsprotokoll Kraft

Datum	Übung Nr. Wdhl./sec.	Nr.	Nr.	Nr.	Nr.	Nr.	Nr.

Übung Nr. = hier die ausgewählten Übungen eintragen; Wdhl. = Anzahl der Wiederholungen; sec. = Anzahl der Sekunden.

Beweglichkeitstest

Es wird hier bewußt auf standardisierte Beweglichkeitstests verzichtet, die meistens mit einem großen apparativen Meßaufwand verbunden sind und gute Kenntnisse der funktionellen Anatomie voraussetzen. Solche Tests sollten von guten Fachleuten durchgeführt werden, die dann aufgrund einer genauen Funktionsanalyse systematische und individuelle Bewegungsprogramme entwickeln.

Wie teste ich meine Beweglichkeit?

Zur ungefähren Testung Ihrer Beweglichkeit nehmen Sie deshalb Übungen zur Verbesserung der Beweglichkeit aus den folgenden Übungsprogrammen, und führen Sie diese Übungen nach Anweisung durch. Tragen Sie dann im Trainingsprotokoll ein, wie Sie diese Übung empfinden (z. B. leicht, schwer, schmerzhaft, angenehm, unangenehm). Stellen Sie sich dabei folgende Fragen:

- Läßt sich das betreffende Gelenk in vollem Bewegungsumfang problemlos bewegen?
- Läßt sich das Gelenk voll beugen und strecken?
- Treten in bestimmten Gelenkpositionen Probleme auf, z. B. unangenehmes Ziehen, stichartige Schmerzen, Kribbeln auf der Haut oder Probleme in anderen Körperregionen?
- Gibt es auffällige Gelenkgeräusche während der Bewegung (knakken, knirschen, reiben)?
- Gibt es eventuell schmerzhafte Bewegungseinschränkungen?
- Verändert sich die Beweglichkeit, wenn die Muskeln warm sind?
- Verändert sich die Beweglichkeit von einer Trainingseinheit zur nächsten (können Sie sich z. B. weiter nach vorne oder zur Seite beugen, lassen sich die Arme weiter nach hinten oder oben führen, können die Knie besser gestreckt oder gebeugt werden)?
- Fällt die Übung von Mal zu Mal leichter und werden eventuelle Probleme geringer?
- Ändern sich die Gelenkgeräusche (z. B. weniger Knacken und Knirschen) im Laufe des Trainings?

Notieren Sie Ihre Empfindungen auf jeden Fall, um überprüfen zu können, ob sich die Beweglichkeit der Gelenke verbessert. Da – wie jede körperliche Leistung – die Beweglichkeit von vielen Faktoren beeinflußt wird, können durchaus größere tagesabhängige Unterschiede auftauchen. Dennoch sollte es im Laufe eines systematisch durchgeführten Übungsprogrammes zu deutlichen Verbesserungen kommen, die dann anhand der Trainingsprotokolle festgestellt werden können.

Trainingsprotokoll Beweglichkeit

Übung Nr. Bemerkungen	Nr.	Nr.	Nr.	Nr.	Nr.	Nr.
Datum						

Tragen Sie unter Bemerkungen ein, wie Sie die Übungen empfunden haben, z. B. leicht, angenehm, schwer, welche Probleme tauchten auf etc.

Ziele setzen

Fitneß ist bekanntermaßen ein sehr individueller und dehnbarer Begriff. Was der eine Fitneß nennt, z. B. einen Berg hinaufzujoggen oder am Ultra-Marathon auf Hawaii teilzunehmen, ist für den anderen der ultimative Schwachsinn. Leistungsorientierte Sportler dagegen können sich kaum in die Haut eines Nichtsportlers versetzen, dem es völlig genügt, wenn er einen 30minütigen Spaziergang problemlos durchhält. Die persönliche Fitneß wird also einerseits durch die selbstgesteckten Ziele und Anforderungen an eine bestimmte Lebensqualität definiert, andererseits jedoch gibt es ganz offensichtlich gesundheitliche Grenzen, die weder über- noch unterschritten werden sollten. Für die meisten Menschen liegen die Probleme häufig darin, daß sie an der unteren Grenze ihres Leistungsniveaus angekommen sind, so daß die körperlichen und psychischen Beeinträchtigungen ein Hauptmotiv für das Aufnehmen eines Fitneß-Programmes darstellen. Sie können oftmals das nicht mehr tun, was sie gerne tun würden, z. B. selbständig einen Haushalt führen, an einer längeren Wanderung mit Freunden teilnehmen oder die geliebte Gartenarbeit erledigen.

Grundsätzlich steht daher in den meisten Fällen die Verbesserung der körperlichen Leistungen zunächst im Vordergrund. Wie bereits eingangs erwähnt, lassen sich auch im fortgeschrittenen Alter in der Regel bei regelmäßiger Durchführung von Fitneß-Übungen erhebliche Fortschritte erzielen, die durchaus über mehrere Monate oder auch Jahre immer noch gesteigert werden können. Die optimale Fitneß hat man dann erreicht, wenn man all die Dinge, die man gerne tun möchte, tatsächlich auch tun kann, ohne daß es zu Beeinträchtigungen oder gar Nichterfüllung der persönlich gesetzten Ziele aufgrund körperlicher Probleme kommt.

Wenn man das individuell optimale Fitneß-Niveau für sich erreicht hat, kann und muß das Fitneß-Programm weitergeführt werden, um dieses Niveau über einen möglichst langen Zeitraum zu erhalten. Es ist leider nicht möglich, Fitneß langfristig zu horten oder haltbar zu machen, wie man das z. B. mit bestimmten Lebensmitteln tun kann. Das Verfallsdatum für Fitneß beginnt an dem Tag, an dem man sein sportliches Programm beendet, auch wenn man die drastischen Folgen der Faulheit erst später merkt. Da der Körper über viele Kompensationsmechanismen verfügt, kann man sich durchaus einige Zeit in dem Glauben wiegen, es gehe auch ohne Bewegung. Es geht auch, aber es geht eben nicht gut! Nur wer dem Körper etwas abverlangt, kann dafür sorgen, daß es gut oder eben sogar besser als vorher geht. Das Zehren an den eigenen Kräften ist zeitlich extrem limitiert – nur wer Kraft aufbaut, kann sie auch nutzen. Das Märchen, man könne im Alter von der Kraft leben, die man in der Jugend aufgebaut hat, wenn man sich richtig schont, gehört in die Kategorie der schlimmen Irrtümer. Eine selbstverordnete Schontherapie ist der schnellste Weg in die Passivität und beraubt uns der schönen Dinge des Lebens.

Bevor Sie sich also für ein Fitneß-Programm entscheiden, legen Sie sich systematisch die Ziele fest, die Sie erreichen wollen. Dazu zählen auch die Ziele, die auf den ersten Blick gar nichts mit Sport zu tun haben, wie z. B. Freunde besuchen, eine Fahrt auf dem Rhein oder der Besuch im Theater. Notieren Sie sich die Ziele in der folgenden Liste, und überprüfen Sie in regelmäßigen Abständen, ob Sie diese Ziele tatsächlich auch erreicht haben. Setzen Sie sich dann neue Ziele, die Sie systematisch ansteuern – und lassen Sie sich nicht davon abbringen, diese Ziele zu realisieren! Je länger die Liste ist, desto aktiver kann man werden und sein Leben erfüllt gestalten. Betrachten Sie dann das Fitneß-Programm als einen wichtigen Teil des Weges, der zu Ihren Zielen führt, denn ohne Gesundheit lassen sich nur die wenigsten Ziele erreichen.

Meine Ziele

Persönliche Ziele	Familiäre Ziele	Berufliche Ziele	Gesellschaftliche Ziele	Erreicht am
z. B. eine neue Sprache lernen, eine große Reise unternehmen	mit den Kindern oder Enkeln eine Bootsfahrt machen	Computerkurs absolvieren	gute Arbeit im Verein leisten	

Bevor Sie anfangen

Programmgestaltung bei körperlichen Problemen

Wer größere körperliche Probleme hat – z. B. chronische Polyarthritis, Rheuma oder Osteoporose, um nur einige der Beschwerden zu nennen, mit denen sich viele Menschen herumplagen müssen – und sich dennoch zum Fitneß-Training entschließt, sollte für diese gute Entscheidung auf der Stelle belohnt werden. Gönnen Sie sich deshalb nach jedem Training etwas Gutes, um sich selbst immer wieder zu einer neuen Trainingseinheit zu motivieren!

Es kann durchaus sein, daß aufgrund vorliegender körperlicher Beeinträchtigungen der Beginn eines Übungsprogrammes mit Problemen oder sogar Schmerzen verbunden ist. Normalerweise gilt für alle Übungen die Regel, daß sie absolut schmerzfrei durchgeführt werden. Schmerzen sind die Warnsignale des Körpers, die eindeutig mitteilen, daß eine bestimmte Bewegungsausführung unangemessen ist. Oftmals genügt es, wenn die Übung in einer leicht veränderten Körperhaltung, einer anderen Winkelstellung oder auch in einem anderen Bewegungstempo ausgeführt wird, um Schmerzfreiheit zu erwirken. Tasten Sie sich deshalb behutsam an die Übungen heran, und verändern Sie den Bewegungsablauf, wenn Probleme auftauchen.

Wer lange nicht mehr körperlich aktiv war, wird mit großer Wahrscheinlichkeit schon nach kurzer Belastung aufhören müssen und die Nachwirkungen an den folgenden Tagen zu spüren bekommen. Neben einem leichten Muskelkater kann es durchaus auch zu Gelenkbeschwerden kommen, der Blutdruck kann starken Schwankungen unterliegen, und der Kreislauf spielt eventuell verrückt. Diese anfänglichen Turbulenzen legen sich in der Regel von alleine, wenn der Körper gelernt hat, angemessen auf körperliche Beanspruchungen zu reagieren.

Übungsauswahl

Auf den folgenden Seiten sind Übungsprogramme mit verschiedenen Schwerpunkten vorgeschlagen. Suchen Sie sich den Schwerpunkt heraus, der für Sie am wichtigsten ist. Alle Programme sind als Ganzkörperprogramme aufgebaut, so daß immer alle Muskeln während einer Übungseinheit beansprucht werden. Sollten einzelne Übungen Ihnen überhaupt nicht liegen, können Sie ohne Probleme in einem anderen Schwerpunktprogramm eine Alternativübung für die entsprechende Muskelgruppe oder das entsprechende Gelenk auswählen.

Belastungsdosierung

Die *Belastungsdosierung* der einzelnen Stunde hängt sehr stark vom individuellen Leistungsniveau, von biologischen Rhythmen, Tagesrhythmen und von anderen subjektiven Faktoren ab. Dennoch sollte man sich intensiv darum bemühen, objektive Leistungssteigerungen zu erfahren. Im Rahmen dieser Übungsprogramme zeigt sich eine objektive Leistungsverbesserung bei den Kräftigungsübungen durch mehr Wiederholungen pro Übung oder aber durch längeres Halten in bestimmten Positionen.

Verbesserungen der Beweglichkeit zeigen sich daran, daß der Bewegungsradius der Gelenke größer wird und daß durch die Regeneration der Gelenkknorpel deutlich weniger «Knackgeräusche» auftreten. Oftmals reduzieren sich auch anfänglich schmerzhafte Bewegungsausschläge bis hin zur Schmerzfreiheit bei bestimmten Bewegungen. Die Elastizität der Muskeln und Bänder wird durch Dehnübungen sehr positiv beeinflußt, was sich deutlich daran zeigt, daß es in bestimmten Positionen weniger «zieht» bzw. daß man den Rumpf tiefer senken, die Arme weiter zurückführen oder die Beine besser strecken kann.

Bei allen Koordinationsübungen zeigen sich Leistungsverbesserungen dadurch, daß man die Übungen flüssiger und schneller durchführen kann und wesentlich weniger Energie verbraucht – nach anfänglichem Holpern klappt es auf einmal «wie geschmiert». Jede Automatisation ist ein Zeichen optimaler Koordinationsvorgänge, was sich auch in schnelleren Reaktionszeiten und durch Schwindelfreiheit bei bestimmten Rotationsübungen bemerkbar macht.

Im Rahmen dieser Stundenbilder werden die motorischen Eigenschaften Ausdauer und Schnelligkeit vernachlässigt, auch wenn sie teilweise durch die Aufwärmübungen oder aber durch schnelle Reaktionsübungen mittrainiert werden. Es ist aber auf jeden Fall empfehlenswert, die Herz-Kreislauf-Leistungen durch ein gezieltes Ausdauertraining zu fördern. Sinnvoll ist ein täglicher Spaziergang an der frischen Luft (modern als «Walking» bezeichnet) von ca. ½ Stunde, wobei das Schrittempo so schnell sein sollte, daß der Puls auf ca. 110–140 Schläge pro Minute (je nach Alter und Trainingszustand) ansteigt.

Radfahren, joggen, rudern und schwimmen eignen sich ebenfalls hervorragend zum Training der Ausdauer, wobei hier ein zwei- bis dreimaliges Training pro Woche mit jeweils 20–30 Minuten hervorragend wäre.

Auch hier sind Pulsfrequenzen zwischen 110 und 150 Schlägen pro Minute empfehlenswert. Messen Sie dazu in regelmäßigen Abständen Ihren Puls (an der Hals- oder Handschlagader). Zählen Sie dabei 10 Sekunden lang Ihre Pulsschläge, und multiplizieren Sie dann die gemessene Zahl mit 6 – so erhalten Sie Ihre Pulsfrequenz pro Minute.

Bei jeder Übung wird vorgeschlagen, wie viele Wiederholungen zu machen sind. Wenn Sie anfänglich nicht so viele Wiederholungen durchführen können, ist das kein Grund zur Aufgabe – fügen Sie einfach in jeder Trainingseinheit 1 oder 2 Wiederholungen dazu. Mit steigendem Fitneß-Niveau werden mehr Wiederholungen möglich.

Trainingsumfang und Trainingshäufigkeit

Trainieren Sie anfangs 1- bis 2mal pro Woche ca. 30 bis 45 Minuten, nicht mehr. Gönnen Sie sich auf jeden Fall danach 1 oder 2 Tage Pause, um dem Körper Zeit zu geben, sich an das neue Niveau anzupassen. Erliegen Sie nicht der Versuchung, durch Übereifer und Ehrgeiz die Sünden der Vergangenheit in einem Monat aufzuholen. Solche Versuche enden meistens im Frust und in durch Überanstrengung verursachten Beschwerden, die dann zur Aufgabe der Aktivitäten führen. «Gut Ding will Weile haben» – Fitneß steigert man über Monate und Jahre, langsam, kontinuierlich und mit dem richtigen Gefühl für lohnende Pausen. Der Trainingsgewinn findet in der Pause statt, nicht im Training!

Programmgestaltung

Prinzipiell gelten alle Regeln zum Trainingsaufbau, die oben genannt wurden, auch für fitte Menschen. *Das oberste Gesetz heißt auch hier: schmerzfrei trainieren.* Allerdings können Fitte 3- bis 4mal wöchentlich trainieren, wobei der zeitliche Umfang zwischen 30 Minuten und 90 Minuten schwanken kann, je nach Intensität der Belastung. Das Training darf durchaus als mittelschwer oder auch mal anstrengend empfunden werden, es sollte aber nie schwer oder gar unangenehm belastend sein. Gönnen Sie sich aber auf jeden Fall einen Tag Pause zwischendurch, um optimale Trainingsanpassungen zu erreichen.

Suchen Sie sich aus den vorgeschlagenen Programmen einen Schwerpunkt heraus, und wiederholen Sie dieses Programm so lange, bis die vorgeschlagenen Wiederholungszahlen problemlos durchgeführt werden können. Wechseln Sie dann das Schwerpunkt-Programm.

Die nachfolgenden Programme sind nach unterschiedlichen Schwerpunkten gegliedert. Grundsetzlich sind alle Stundenbilder als Ganzkörperprogramme angelegt, um in jeder Trainingseinheit den ganzen Körper anzusprechen. Um jedoch systematische Verbesserungen zu erreichen, müssen einzelne Aspekte des Trainings oder aber das Training bestimmter Körperteile in jeweils einer Trainingseinheit in den Vordergrund gerückt werden. Die grundlegenden Schwerpunkte bestehen aus:

- Kräftigungsübungen für bestimmte Muskelpartien
- Beweglichkeitsübungen für verschiedene Gelenke
- Koordinationsübungen zur Verbesserung des neuromuskulären Zusammenspiels

Es ist sinnvoll, ein Programm mehrere Male hintereinander durchzuführen, um wirkliche Verbesserungen zu erreichen. Dazu wird die Anzahl der Wiederholungen pro Übung mit jedem Durchgang systematisch gesteigert, wobei am Ende jeder Übung vorgeschlagen wird, wie oft die Übung jeweils wiederholt werden sollte.

Diese Vorschläge dürfen aber nicht als sklavisch einzuhaltende Vorgaben angesehen werden. Da jeder Mensch unterschiedliche Schwächen und Stärken hat und durch eventuelle Krankheiten oder genetische Eigenarten bestimmte Einschränkungen tolerieren muß, werden die Übungen bei verschiedenen Menschen unterschiedliche Wirkungen erzielen. Prinzipiell wird man zunächst die schwächsten Muskeln oder Körperteile spüren, wobei es im Laufe der Zeit zu veränderten Wahrnehmungen kommen wird. Wenn man jedoch die Konzentration auf bestimmte Körperteile lenkt, wird man die Übungen auch genau dort spüren. Es kommt jedoch vor allem darauf an, daß man sich sowohl während als auch nach der körperlichen Aktivität *wohl fühlt*. Dies kann durchaus mit Anstrengung und mit einem leichten Muskelkater verbunden sein, darf aber auf keinen Fall in Überanstrengung durch falschen Ehrgeiz ausarten. Andererseits hilft es dem Körper auch nicht, wenn man sich ständig unterfordert und aus Trägheit oder Lustlosigkeit auf Leistungsverbesserungen verzichtet. Wohlbefinden läßt sich nur dann erzielen, wenn die richtige Mischung aus Anstrengung und Erholung zu einer optimalen Verbesserung sämtlicher Organleistungen führt – und diese Mischung unterliegt individuellen Gesetzmäßigkeiten. Manche Übungen werden daher subjektiv als leicht empfunden, andere wiederum als schwer. Deshalb kann man die leichten Übungen wesentlich häufiger wiederholen, während die schweren Übungen erst nach einer gewissen Übungszeit häufiger wiederholt werden können.

Schwerpunkte der einzelnen Programme

1. Schwerpunkt Kräftigung	Brustmuskulatur Bauch- und Rückenmuskulatur Fußmuskulatur
2. Schwerpunkt Kräftigung	Armmuskulatur Beinmuskulatur Handmuskulatur
3. Schwerpunkt Beweglichkeit	Schultergelenke Hüftgelenke Fußgelenke
4. Schwerpunkt Beweglichkeit	Wirbelsäule Handgelenke Kniegelenke
5. Schwerpunkt Koordination	Gleichgewicht Rotation Über-Kreuz-Koordination

Warm-up und Cool-down

Das *Warm-up* (S. 45: Anfänger, S. 101: Fortgeschrittene) dient der Einstimmung auf die künftige Belastung. Der Organismus wird «eingepegelt». Steigern Sie nur langsam die Belastungen, fordern Sie sich am Anfang einer Übungseinheit nicht zu stark, damit Ermüdung oder gar Erschöpfung sich nicht zu früh bemerkbar machen. Betrachten Sie die vorbereitenden Übungen nicht als notwendiges Übel, sondern gestalten Sie sie abwechslungsreich und motivierend. Je besser Ihr Fitneßgrad ist, desto länger sollten Sie das Aufwärm-Programm durchführen. Morgens ist eine etwas längere Aufwärmzeit vonnöten als abends; bei hoher Umgebungstemperatur ist das Aufwärmen gegenüber niedrigen Temperaturen kürzer.

Das *Cool-down* (S. 51: Anfänger, S. 107: Fortgeschrittene) soll – immer zum Schluß des Trainings – den Stoffwechsel beruhigen. Der physisch und psychisch auf Leistung eingepegelte Organismus wird langsam wieder in den Ruhezustand zurückgeführt. Verlangen Sie jetzt dem Körper keine hohen Leistungen mehr ab. Das Cool-down sorgt für Ihre bessere Erholung und steigert die Lust auf das nächste Mal.

Warm-up

Bevor Sie mit den Übungen beginnen, atmen Sie 4- bis 5mal tief ein und aus. Heben Sie beim Einatmen die Arme über Kopf, und senken Sie die Arme während der Ausatmung. Atmen Sie von Atemzug zu Atemzug tiefer und länger ein und sehr langsam aus. Spüren Sie, daß der Atem den Brustkorb und den Bauch weit öffnet – geben Sie dem Drang nach einem herzhaften Gähnen ruhig nach!

Stand: Öffnen Sie die Beine schulterbreit, und beugen und strecken Sie leicht im Wechsel die Knie. Ziehen Sie die Arme im Wechsel hoch (richtig räkeln), und neigen Sie den Rumpf dabei
a) leicht nach vorne
b) zur Seite
c) nach hinten.

Wiederholungen:
Jeden Arm 5mal in jede Richtung ziehen

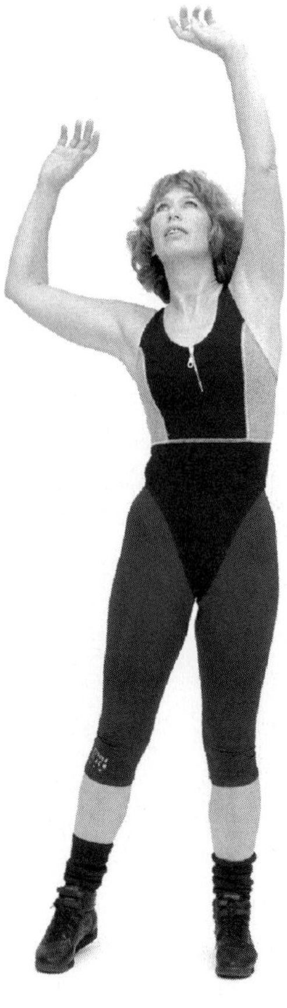

Gehen Sie auf der Stelle, und ziehen Sie dabei abwechselnd die rechte bzw. linke Schulter nach oben. Betonen Sie dann die Abwärtsbewegung der Schultern. Kreisen Sie anschließend die Schultern im Wechsel

a) nach vorne

b) nach hinten.

Wiederholungen:

Jede Übung 8- bis 10mal

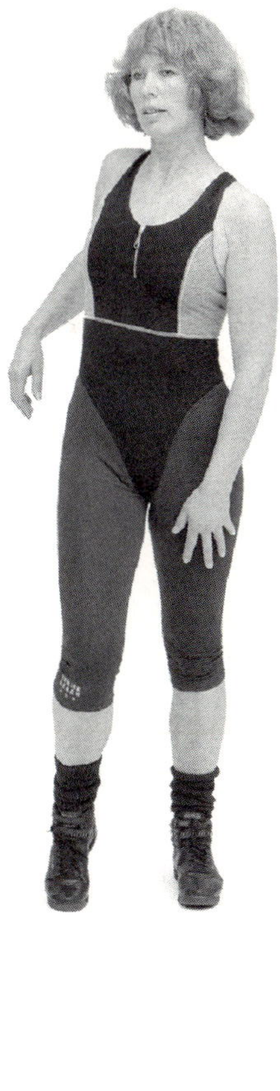

Gehen Sie auf der Stelle, und kicken Sie im Wechsel einen Fuß nach vorne. Heben Sie anschließend im Wechsel eine Ferse zum Gesäß. Schieben Sie dabei die Arme nach vorne, und ziehen Sie dann die Ellbogen hinter den Rumpf.

Wiederholungen:
Jede Übung pro Seite 16mal wiederholen

Gehen Sie auf der Stelle, im Wechsel auf den Fußballen bzw. den Fersen (Rhythmus: Ferse links, Ferse rechts, Ballen links, Ballen rechts). Heben Sie dabei die Arme seitlich angewinkelt bis zur Schulter hoch, und ziehen Sie anschließend die Ellbogen an den Körper heran.
Achten Sie beim Heben der Arme darauf, daß die Schultern unten bleiben.

Wiederholungen:
Den Vierer-Rhythmus 20mal wiederholen.

Stellen Sie sich mit schulterbreit geöffneten Beinen hin:

- Drehen Sie den Kopf langsam nach rechts und nach links
- Neigen Sie den Kopf nach rechts und nach links
- Führen Sie anschließend den Kopf im Halbkreis über vorne von rechts nach links.

Führen Sie diese Übung sehr langsam und kontrolliert aus. Sie sollten jeweils im Endpunkt der Bewegung eine angenehme und sanfte Dehnung der Halsmuskulatur spüren.

Wiederholungen:
Jede Übung 8- bis 10mal wiederholen.

Cool-down

Setzen Sie sich entspannt auf den Fitball. Neigen Sie den Kopf nach vorne und atmen Sie tief ein. Drücken Sie leicht mit den Händen den Kopf nach unten, und atmen Sie dabei tief aus. Halten Sie diese Position beim nächsten Einatmen und drücken beim nächsten Ausatmen den Kopf noch etwas weiter nach unten. Wiederholen Sie diese Übung noch zweimal, und dehnen Sie bei jedem Atemzug die Nackenmuskulatur etwas mehr.

Nur so lange dehnen, wie es als *angenehmes* Ziehen empfunden wird. Jeder zu starke Druck löst Gegenspannungen aus und führt so zu einer Kräftigung der Muskeln (was im Prinzip auch sehr gut ist), aber die *entspannte Dehnung* wird so nicht erreicht. Sie können die Dehnung auch sanft nachfedernd durchführen.

Ziehen Sie den rechten Arm in Brusthöhe zur linken Schulter, und atmen Sie dabei tief ein. Der linke Arm umfaßt den rechten Oberarm und zieht ihn zur Seite, bis die Dehnung im Bereich des Schulterblattes und des Schultergelenkes zu spüren ist. Dabei atmen Sie tief aus. Der Rumpf dreht nur leicht mit. Wiederholen Sie diese Übung 3- bis 4mal, und verstärken Sie in der Ausatmungsphase wieder jeweils die Dehnung.

Dehnung der Brust- und Schulter-Muskulatur

Knien Sie sich vor den Fitball, und legen Sie die Hände auf den Ball. Rollen Sie den Ball so weit nach vorne, bis die Arme und der Rumpf waagerecht liegen. Drängen Sie den Brustkorb mit leichten Federbewegungen gegen den Boden, und dehnen Sie die Brust- und Schultermuskulatur.
Diese Übung können Sie auch mit der vorher beschriebenen Atemtechnik durchführen.

Setzen Sie sich auf den Fitball, und ziehen Sie mit der rechten Hand die rechte Ferse zum Gesäß. Wenden Sie die in Übung 1 und 2 beschriebene Atemtechnik an. Ziehen Sie bei jedem Ausatmen die Ferse näher zum Gesäß.
Wiederholen Sie die Übung auf der anderen Seite.

Achten Sie beim Rückziehen des Oberschenkels darauf, daß Sie nicht ins Hohlkreuz ausweichen. Neigen Sie den Oberkörper leicht nach vorne, und spannen Sie während der Übung die Bauchmuskulatur an.

Legen Sie das eine Bein auf den Ball, und ziehen Sie die Fußspitze in Richtung Schienbein. Neigen Sie den Rumpf mit geradem Rücken über das Bein, und dehnen Sie die Oberschenkel-Rückseite durch leichtes Vorfedern des Rumpfes.
Sie können auch mit der in Übung 1 beschriebenen Atemtechnik diese Übung durchführen. Halten Sie die Dehnung über ca. 20 Sekunden auf jeder Seite.

Falls möglich: Ziehen Sie mit den Händen die Fußspitze noch stärker an, um die Wade noch mehr zu dehnen.

1. Schwerpunkt: Kräftigung

Übungen für Rücken- und
Brustmuskulatur,
Bauchmuskulatur und
Fußmuskulatur

Knien Sie sich vor den Fitball, und legen Sie den Brustkorb auf den Ball. Die Lendenwirbelsäule ist dabei vollkommen entlastet. Heben Sie die Arme im Wechsel oder später auch parallel

a) nach vorne
b) diagonal nach vorne
c) zur Seite.

Heben Sie die Arme so hoch wie möglich, ohne den Brustkorb vom Ball zu lösen. Drehen Sie dabei die Handflächen abwechselnd nach oben und nach unten.

Wiederholungen pro Trainingseinheit

1. TE	2. TE	3. TE	4. TE	5. TE
6	8	10	15	20

Legen Sie sich mit angewinkelten Beinen auf den Rücken, und drängen Sie die Lendenwirbelsäule leicht gegen den Boden. Führen Sie die Arme zunächst im Wechsel, später parallel

a) aus der angewinkelten Seitposition nach oben

b) hinter den Kopf

c) zum Oberschenkel.

Wiederholungen pro Trainingseinheit

1. TE	2. TE	3. TE	4. TE	5. TE
6	8	10	15	20

Drücken Sie im Kniestand die Unterschenkel, die Füße und die Hände so fest wie möglich gegen den Boden. Spannen Sie dabei aktiv die Bauchmuskulatur an (Bauch einziehen), und halten Sie diese Position über 10 Sekunden ein. Atmen Sie dabei tief und regelmäßig weiter.

Legen Sie sich bei Druckschmerzen ein Polster oder ein zusammengerolltes weiches Handtuch unter die Knie.

Wiederholungen pro Trainingseinheit

1. TE	2. TE	3. TE	4. TE	5. TE
4	6	8	10	15

Legen Sie in der Rückenlage die Unterschenkel auf den Fitball. Heben Sie den Rumpf so hoch, daß sich die Schulterblätter vom Boden lösen (falls das am Anfang noch nicht möglich sein sollte, heben Sie den Rumpf so hoch wie möglich an). Ziehen Sie die Hände

a) nach vorne zu den Knien

b) nach rechts und links außen zum Knie.

Um Spannungsprobleme im Bereich der Nackenmuskulatur zu vermeiden, sollten Sie den Kopf betont zur Seite drehen – vermeiden Sie eine starre Kopfhaltung.

Wiederholungen pro Trainingseinheit

1. TE	2. TE	3. TE	4. TE	5. TE
6	8	10	15	20

Heben Sie im Stand das rechte bzw. linke Bein leicht nach oben (halten Sie sich bei Gleichgewichtsproblemen an einem Stuhl fest)
a) beugen und strecken Sie den Fuß jeweils so weit wie möglich
b) drehen Sie den Fuß nach innen und außen (Pronation und Supination)
c) lassen Sie den Fuß kreisen.

Achten Sie besonders auf das Standbein: Schieben Sie die Hüfte nicht zu weit zur Seite, sondern versuchen Sie, durch Anspannen der Gesäßmuskulatur die Hüftgelenke zu entlasten.
Diese Übung kann auch im Sitzen durchgeführt werden!

Wiederholungen pro Trainingseinheit

1. TE	2. TE	3. TE	4. TE	5. TE
6	8	10	12	12

Setzen Sie sich auf den Fitball. Ziehen Sie im Wechsel die Fußspitzen zum Körper heran, und berühren Sie dann mit den Zehen den Boden. Rollen Sie dabei den Fuß so fest wie möglich über den Boden ab.

Halten Sie dabei den Rücken möglichst aufrecht. Lassen Sie nach einiger Zeit den ganzen Körper reagieren, indem Sie auf dem Ball vor- und zurückrollen, um die Fußbewegungen zu intensivieren.

Wiederholungen pro Trainingseinheit

1. TE	2. TE	3. TE	4. TE	5. TE
8	10	12	15	20

7 Handmuskulatur (Kräftigung und Dehnung)

Im Stand oder im Sitz: Öffnen Sie die Hände so weit wie möglich, spreizen Sie die Finger weit auseinander, und drücken Sie mit der anderen Hand jeweils 2 Finger auseinander. Versuchen Sie, gegen den Druck die Finger zu schließen, und halten Sie diese Position über 2–3 Sekunden. Ballen Sie anschließend die Hand zur Faust, und drücken Sie die Finger 5–6 Sekunden fest zusammen. Anschließend die Hände ausschütteln.
Achten Sie auf eine gleichmäßige Atmung!

Wiederholungen pro Trainingseinheit
(in jeder Fingerposition!)

1. TE	2. TE	3. TE	4. TE	5. TE
2	3	4	4	4

Legen Sie sich abwechselnd mit dem Rücken bzw. mit dem Bauch auf den Fitball. Bleiben Sie jeweils einige Sekunden in dieser Position ruhig liegen, und fangen Sie dann an, den Ball leicht hin- und herzurollen.

Lassen Sie den Kopf entspannt hängen – diese Übung soll sehr wohltuend und entspannend wirken

Wiederholungen pro Trainingseinheit

1. TE	2. TE	3. TE	4. TE	5. TE
1	2	3	3	4

Stellen Sie sich mit schulterbreit geöffneten Beinen auf die Zehenspitzen, und bleiben Sie mindestens 10 Sekunden ruhig stehen.
Lockern Sie kurz die Beine, und beugen Sie in einer leichten Grätsche die Knie. Stellen Sie sich mit gebeugten Beinen wieder auf die Zehenspitzen, und halten Sie diese Position mindestens 10 Sekunden.
Steigern Sie die Haltezeit auf bis zu 1 Minute.

Atmen Sie während der Übung tief ein und aus, und konzentrieren Sie sich dabei auf die Füße. Die Fersen zeigen immer zur Körpermitte – nicht mit den Füßen nach außen knicken.

2. Schwerpunkt: Kräftigung

Übungen für Arm- und
Schultermuskulatur,
Bein- und Gesäßmuskulatur,
Handmuskulatur

Knien Sie sich vor den Ball, und legen Sie die Arme einseitig oder parallel auf den Ball. Rollen Sie den Ball so weit nach vorne, bis die Arme gestreckt sind und der Oberkörper parallel zum Boden liegt. Drücken Sie dabei die Arme so fest wie möglich auf den Ball – versuchen Sie, den Ball kleiner zu machen!
Rollen Sie gleichzeitig dabei abwechselnd den Ball
a) nach vorn
b) zur Seite
c) leicht diagonal nach hinten.

Spannen Sie in allen Positionen die Bauchmuskulatur fest an. Achten Sie besonders bei der Bewegung nach hinten darauf, daß Sie eine Überstreckung im Bereich der Lendenwirbelsäule vermeiden.

Wiederholungen pro Trainingseinheit und pro Position

1. TE	2. TE	3. TE	4. TE	5. TE
4	6	8	8	10

Setzen Sie sich mit angewinkelten Beinen auf den Boden, und stützen Sie die Arme hinter dem Körper ab. Die Fingerspitzen zeigen dabei leicht nach innen. Beugen und strecken Sie die Arme
a) wechselseitig
b) parallel.

Drängen Sie beim Beugen der Arme die Lendenwirbelsäule fest gegen den Boden.

Wiederholungen pro Trainingseinheit

1. TE	2. TE	3. TE	4. TE	5. TE
4	6	8	8	10

Legen Sie sich mit dem Bauch auf den Fitball. Heben Sie
a) wechselseitig
b) parallel
die Beine bis zur Waagerechten an.
Achten Sie dabei darauf, daß der untere Rücken dabei so wenig wie möglich belastet wird. Spannen Sie bewußt die Gesäßmuskulatur an.

Wiederholungen pro Trainingseinheit

1. TE	2. TE	3. TE	4. TE	5. TE
6	8	10	12	15

Legen Sie sich mit dem Rücken auf den Boden, und klemmen Sie den Fitball zwischen die Füße. Drücken Sie die Unterschenkel fest gegen den Ball (Kräftigung der Oberschenkel-Innenseite). Beugen und strecken Sie die Beine. Achten Sie dabei darauf, daß der untere Rücken auf der Matte fixiert bleibt, um die Lendenwirbelsäule zu entlasten.

Wenn Sie beim Beugen die Knie näher zum Rumpf ziehen, wird die Bauchmuskulatur intensiver belastet.

Wiederholungen pro Trainingseinheit

1. TE	2. TE	3. TE	4. TE	5. TE
6	8	10	12	15

Setzen Sie sich aufrecht auf den Fitball.
a) Beugen und strecken Sie die Hände
b) Drehen Sie die Hände nach innen und nach außen
c) Kreisen Sie die Hände nach rechts und links.
Achten Sie dabei darauf, daß Sie in jeder Position den größtmöglichen Bewegungsradius erreichen. Versuchen Sie, bei jeder Übung den Bewegungsausschlag im Handgelenk zu vergrößern.

Wiederholungen pro Trainingseinheit

1. TE	2. TE	3. TE	4. TE	5. TE
4	6	8	8	10

Setzen Sie sich aufrecht auf den Fitball. Pressen Sie die Hände in Brusthöhe fest gegeneinander, und drehen Sie dabei die Hände nach innen und nach außen. Öffnen und schließen Sie in jeder Position die Hände, wobei die Handwurzeln bzw. die Fingerspitzen Kontakt halten.

Wiederholungen pro Trainingseinheit

1. TE	2. TE	3. TE	4. TE	5. TE
1	2	3	3	4

7 Schultergelenke (Beweglichkeit)

Stellen Sie sich mit schulterbreit geöffneten Beinen hin. Der rechte Arm umfaßt hinter dem Rücken das linke Handgelenk und zieht den linken Arm nach rechts, bis eine leichte Dehnung in der vorderen, linken Schulter zu spüren ist. Halten Sie diese Position 10–15 Sekunden. Die Übung auf der anderen Seite wiederholen.

Führen Sie diese Übung sehr behutsam und langsam aus. Wenn die Dehnung als unangenehm empfunden wird, die Spannung lösen. Leichtes Nachfedern ist sehr sinnvoll.

Wiederholungen pro Trainingseinheit

1. TE	2. TE	3. TE	4. TE	5. TE
2	2	3	3	4

Legen Sie sich auf den Rücken, und winkeln Sie das eine Bein zum Brustkorb an. Ziehen Sie mit den Händen den Oberschenkel so eng wie möglich an den Brustkorb heran.

a) Öffnen Sie das Bein so weit wie möglich nach außen

b) Kreuzen Sie das Bein so weit wie möglich nach innen.

Achten Sie darauf, daß dabei keine Knack- oder Knirschgeräusche im Hüftgelenk entstehen. Die Bewegung muß geräuschfrei und flüssig ablaufen!

Wiederholungen pro Trainingseinheit

1. TE	2. TE	3. TE	4. TE	5. TE
2	2	3	3	4

9 Fußgelenke (Beweglichkeit)

Legen Sie sich auf den Rücken, und heben Sie beide Beine gestreckt nach oben.

a) Beugen und strecken Sie die Füße
b) Drehen Sie die Füße nach außen und innen
c) Lassen Sie die Füße nach rechts und nach links kreisen.

Wiederholungen pro Trainingseinheit

1. TE	2. TE	3. TE	4. TE	5. TE
4	6	8	10	12

3. Schwerpunkt: Beweglichkeit

Übungen für
Schultergelenke,
Hüftgelenke,
Fußgelenke

Knien Sie sich vor den Fitball, und legen Sie den einen Arm gestreckt auf den Ball. Rollen Sie den Ball abwechselnd

a) nach vorne
b) zur Seite
c) leicht diagonal rückwärts
d) nach vorne über Kreuz.

Rollen Sie den Ball so weit vom Körper weg, bis Sie ein sanftes Dehngefühl in der Schultermuskulatur spüren. Schieben Sie den Ball in der Endposition einige Zentimeter hin und her, und verstärken Sie dabei die Dehnung.

Wiederholungen pro Trainingseinheit
(in jeder Position)

1. TE	2. TE	3. TE	4. TE	5. TE
6	8	10	12	16

Stellen Sie sich mit schulterbreit geöffneten Beinen hin. Schwingen Sie die Arme wechselseitig, gegengleich und parallel
a) vor- und rückwärts
b) nach rechts und links.

Lassen Sie bei den Armschwüngen ruhig den ganzen Körper reagieren – halten Sie den Rumpf nicht steif, beugen und strecken Sie aktiv die Knie.

Wiederholungen pro Trainingseinheit

1. TE	2. TE	3. TE	4. TE	5. TE
8	8	10	10	12

Setzen Sie sich mit weit geöffneten Beinen auf den Fitball. Verlagern Sie das Gewicht so weit wie möglich nach rechts bzw. nach links, bis Sie eine gute Dehnung auf der Oberschenkel-Innenseite verspüren. Federn Sie in der Endposition jeweils leicht nach.

Wiederholungen pro Trainingseinheit

1. TE	2. TE	3. TE	4. TE	5. TE
4	6	8	10	12

Legen Sie sich auf den Rücken, und stellen Sie beide Füße auf den Ball. Rollen Sie den Ball mit den Füßen so weit wie möglich
a) nach vorne und zurück
b) nach rechts und links.
Öffnen und schließen Sie dabei im Wechsel die Knie. Beim Öffnen der Beine sollten Sie jeweils ein leichtes Dehnungsgefühl in der Hüfte verspüren.

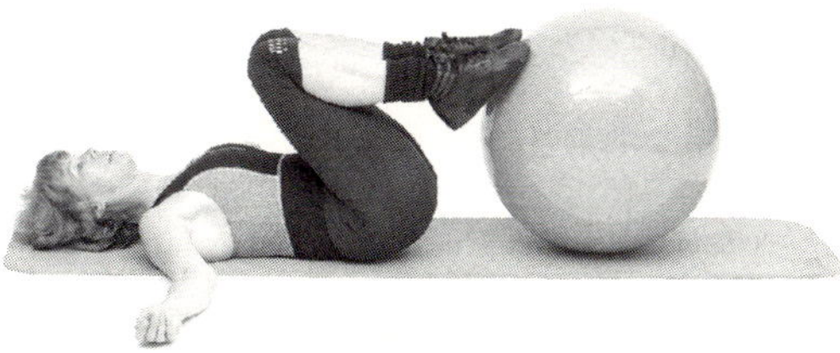

Wiederholungen pro Trainingseinheit

1. TE	2. TE	3. TE	4. TE	5. TE
6	8	10	12	16

5 Fußgelenke

Setzen Sie sich aufrecht auf den Fitball. Rollen Sie die Füße von der Ferse bis zu den Zehenspitzen auf und ab, und beschreiben Sie mit den Füßen Kreise nach rechts und nach links. Rollen Sie beim Kreisen die Füße bewußt über die Fersen, Außenkanten, Fußspitze und Innenkanten ab. Lassen Sie nach einiger Zeit den ganzen Körper reagieren.

Wiederholungen pro Trainingseinheit

1. TE	2. TE	3. TE	4. TE	5. TE
4	6	8	10	12

Setzen Sie sich auf den Boden und haken Sie ein Bein unter. Führen Sie mit dem Fuß im Wechsel folgende Übungen durch:

a) beugen und strecken

c) kreisen nach rechts und links.

Hinweis:

Halten Sie während der Übung den Rücken möglichst gerade.

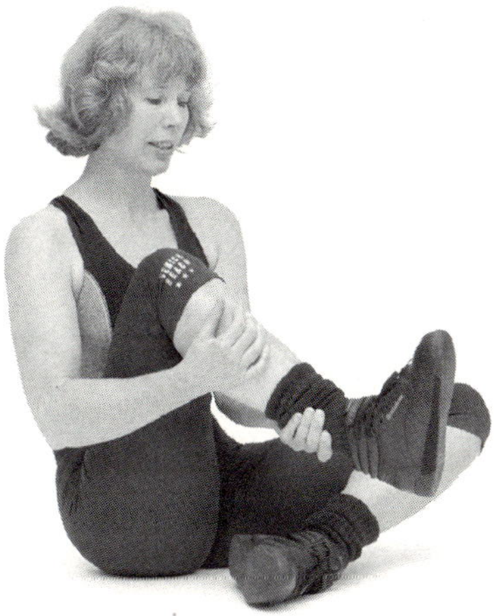

Wiederholungen pro Trainingseinheit

1. TE	2. TE	3. TE	4. TE	5. TE
6	8	10	12	16

Über-Kreuz-Koordination

Führen Sie im Stand das rechte Bein zusammen mit dem linken Arm nach vorne, dann das rechte Bein nach rechts zur Seite, den linken Arm nach links zur Seite. Anschließend führen Sie das linke Bein zusammen mit dem rechten Arm nach vorne, dann das linke Bein nach links zur Seite, den rechten Arm nach rechts zur Seite.

Hinweis: Führen Sie diese Übung immer schneller durch.

Wiederholungen pro Trainingseinheit

1. TE	2. TE	3. TE	4. TE	5. TE
6	8	10	12	16

Setzen Sie sich mit leicht gegrätschten Beinen auf den Boden. Heben Sie den Fitball mit gestrecktem Arm vor dem Rumpf über den Kopf hoch, und senken Sie den Ball mit gebeugten Armen so weit wie möglich hinter dem Kopf auf den Rücken.
Achten Sie dabei auf eine gerade Wirbelsäule.

Wiederholungen pro Trainingseinheit

1. TE	2. TE	3. TE	4. TE	5. TE
6	8	10	12	16

Stellen Sie sich mit gegrätschen Beinen hin, und beugen Sie das rechte Knie leicht an. Heben Sie das linke Bein gestreckt an der Seite nach oben, und halten Sie es 4–5 Sekunden in dieser Position. Wiederholen Sie die Übung dann auf der anderen Seite.
Achten Sie dabei darauf, daß das Becken in der Frontalebene fixiert bleibt – also nicht mit der Hüfte ausweichen.
Anschließend die Übung auf der anderen Seite durchführen.

Wiederholungen pro Trainingseinheit

1. TE	2. TE	3. TE	4. TE	5. TE
6	8	10	12	16

4. Schwerpunkt: Beweglichkeit

Übungen für Wirbelsäule,
Handgelenke,
Kniegelenke

Legen Sie sich mit dem Bauch auf den Ball. Heben Sie den rechten Arm und das linke Bein, senken Sie Arm und Bein anschließend tief ab. Die Wirbelsäule wird dabei leicht überstreckt und gerundet.
Wiederholen Sie dann die Übung mit dem linken Arm und dem rechten Bein.
Achten Sie dabei darauf, daß der Kopf der Bewegung harmonisch folgt und daß bei der Überstreckung kein großer Druck auf die Lendenwirbelsäule ausgeübt wird. Entspannen Sie bewußt den unteren Rücken und den Hals-Nacken-Bereich in der Rundung.

Wiederholungen pro Trainingseinheit

1. TE	2. TE	3. TE	4. TE	5. TE
6	8	10	12	16

Setzen Sie sich mit weit gegrätschen Beinen auf den Ball. Neigen Sie den Rumpf im Wechsel zur Seite in der Frontalebene. Der rechte bzw. linke Arm zieht den Rumpf in die Weite.
Achten Sie darauf, daß Sie in der Taille nicht abknicken, sondern daß die Rumpfmuskulatur die Bewegung kontrolliert. Zwischen Becken und Brustkorb sollte während der gesamten Übung ca. eine Handbreit Abstand bestehen.

Wiederholungen pro Trainingseinheit
(zu jeder Seite)

1. TE	2. TE	3. TE	4. TE	5. TE
4	6	8	10	12

Stellen Sie sich aufrecht hin, und führen Sie im Wechsel mit einem Unterschenkel Kickbewegungen
a) nach vorne
b) zur Seite
c) nach hinten
durch.
Achten Sie dabei darauf, daß die Kicks ohne «Einschnappen» der Kniegelenke durchgeführt werden.

Wiederholungen pro Trainingseinheit
(zu jeder Seite)

1. TE	2. TE	3. TE	4. TE	5. TE
6	8	10	12	16

Stellen Sie sich mit schulterbreit geöffneten Beinen und aufrechtem Körper hin. Beugen Sie die Knie leicht, so daß sie über die Fußspitze zeigen. Öffnen Sie dann die Füße nach außen (dabei werden die Beine gestreckt), und führen Sie anschließend in der außenrotierten Position wieder eine Kniebeuge durch. Wandern Sie mit den Füßen durch den Wechsel von Parallelposition und Außenrotation allmählich in eine weite Grätsche und dann wieder zurück in die Ausgangsposition. Federn Sie in der Kniebeuge jeweils zwei- bis dreimal leicht nach.

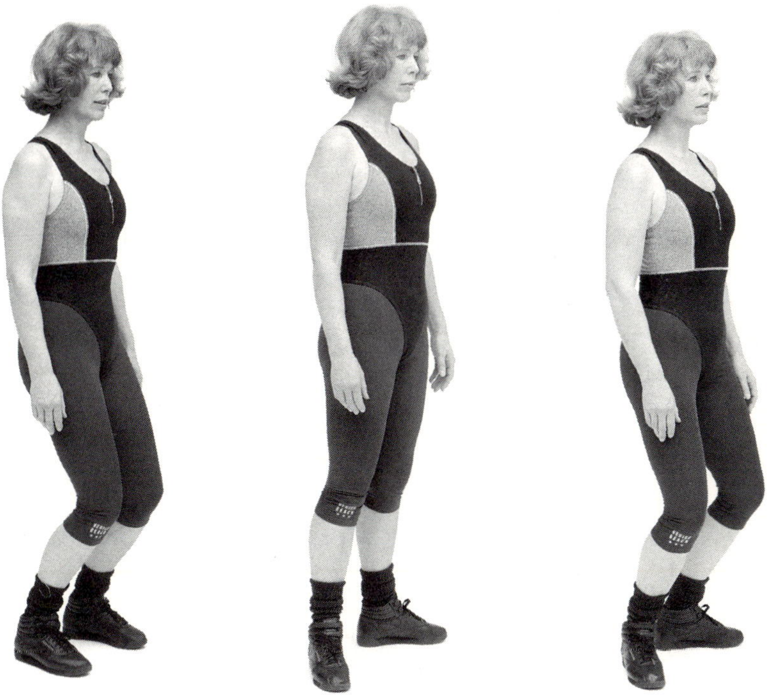

Wiederholungen pro Trainingseinheit
(jeweils von der Ausgangsposition bis zur Grätsche)

1. TE	2. TE	3. TE	4. TE	5. TE
2×6	2×8	2×10	3×8	3×10

Setzen Sie sich auf den Fitball. Biegen Sie mit einer Hand die andere so weit wie möglich nach hinten und nach vorne. Federn Sie in der Endposition jeweils mehrmals leicht nach.
Wechseln Sie dann die Seite.

Wiederholungen pro Trainingseinheit

1. TE	2. TE	3. TE	4. TE	5. TE
4	6	8	10	12

Setzen Sie sich auf den Fitball. Kreisen Sie
a) jeden Finger isoliert nach rechts und links
b) die Hände nach rechts und links.
Achten Sie dabei darauf, daß bei jedem Kreis der Radius größer wird, um eine möglichst große Beweglichkeit der Finger und Hände zu erreichen.

Wiederholungen pro Trainingseinheit
(pro Finger und Hand in jede Richtung)

1. TE	2. TE	3. TE	4. TE	5. TE
4	6	6	8	8

Setzen Sie sich mit leicht gegrätschen Beinen auf den Fitball, und beugen Sie den Rumpf gestreckt schräg nach vorne. Heben Sie die Arme wechselseitig bzw. parallel

a) gebeugt zur Seite, strecken sie dann nach unten, und heben Sie sie dann gestreckt zur Seite nach hinten

b) die gleiche Übung mit Heben der Arme diagonal nach vorne oben

c) die gleiche Übung mit Heben der Arme diagonal nach hinten unten.

Wiederholungen pro Trainingseinheit

1. TE	2. TE	3. TE	4. TE	5. TE
6	8	10	12	16

Stellen Sie sich mit leicht gegrätschten Beinen hin, und beugen Sie leicht in den Kniegelenken. Heben Sie den Fitball mit gestreckten Armen über den Kopf. Neigen Sie den Rumpf nach rechts und links weit zur Seite.
Achten Sie dabei darauf, daß Sie in der Taille nicht abknicken. Weichen Sie mit der Hüfte nicht aus, sondern stabilisieren Sie das Becken durch Anspannen der Gesäß- und Bauchmuskulatur in der Frontalebene.

Wiederholungen pro Trainingseinheit
(zu jeder Seite)

1. TE	2. TE	3. TE	4. TE	5. TE
6	8	10	12	16

Stellen Sie sich mit schulterbreit geöffneten Beinen in den Hochzehenstand, und beugen Sie leicht die Knie. Halten Sie diese Position so lange wie möglich, ohne zu schwanken.
Steigern Sie die Übung in jeder Trainingseinheit um 1–2 Sekunden.
Ziel: 30 Sekunden.

5. Schwerpunkt: Koordination

Übungen für Gleichgewicht,
Rotation,
Über-Kreuz-Koordination

1. Gleichgewicht

Stellen Sie sich mit schulterbreit geöffneten Beinen hin. Verlagern Sie Ihr Körpergewicht abwechselnd auf die Fußballen und auf die Ferse, ohne dabei die Füße von der Stelle zu bewegen.
Achten Sie dabei auf eine gute Gesamtkörperspannung.

Wiederholungen pro Trainingseinheit

1. TE	2. TE	3. TE	4. TE	5. TE
10	12	14	16	20

2. Gleichgewicht

Setzen Sie sich mit geschlossenen Augen auf den Ball, und kreisen Sie mit dem Becken nach rechts und links. Heben Sie die Füße an, und versuchen Sie, die Übung ohne Bodenkontakt durchzuführen.

Wiederholungen pro Trainingseinheit

1. TE	2. TE	3. TE	4. TE	5. TE
6	8	10	12	16

3. Raumorientierung / Rotation

Drehen Sie sich im Stand 3- bis 5mal um die eigene Achse nach rechts und nach links. Fixieren Sie vor und nach der Drehung einen Punkt an der Wand, damit Sie sich orientieren können und um zu überprüfen, ob Sie sich tatsächlich um 360 Grad gedreht haben.

Achten Sie darauf, daß Sie nach der Drehung fest stehen – nicht torkeln. Wenn Ihnen anfangs schwindelig wird, reduzieren Sie die Drehungen auf eine halbe bzw. viertel Drehung – wichtig ist die Orientierung danach!
Steigern Sie die Drehungen pro Seite langsam auf 20 und mehr.

4. Rotation

Legen Sie sich mit dem Rücken auf den Boden, und strecken Sie die Arme über Kopf. Spannen Sie alle Muskeln fest an, und drehen Sie sich aus der Körpermitte heraus auf den Bauch und wieder zurück auf den Rücken. Drehen Sie sich im Wechsel nach rechts und nach links.

Wiederholungen pro Trainingseinheit

1. TE	2. TE	3. TE	4. TE	5. TE
2	4	6	8	10

5. Kniegelenke (Beweglichkeit)

Stellen oder legen Sie sich hin. Kreisen Sie mit dem Unterschenkel nach rechts und nach links, wechseln Sie anschließend die Seite.

Wiederholungen pro Trainingseinheit

1. TE	2. TE	3. TE	4. TE	5. TE
6	8	10	12	16

6. Hand- und Fingergelenke (Beweglichkeit)

Setzen Sie sich auf den Fitball. Biegen Sie mit einer Hand die Finger der anderen Hand
a) nach hinten
b) zur Seite nach rechts und links
c) nach vorne

Wiederholungen pro Trainingseinheit

1. TE	2. TE	3. TE	4. TE	5. TE
2	3	4	5	6

7. Fußmuskulatur (Kraft)

Machen Sie im Stand einen Ausfallschritt vorwärts mit dem rechten Bein. Verlagern Sie Ihr Gewicht auf das rechte Bein, und heben Sie in dieser Position wechselweise die Fersen bzw. die Zehen hoch. Rollen Sie dabei immer betont den Fuß ab.
Wechseln Sie dann auf die linke Seite.

Wiederholungen pro Trainingseinheit

1. TE	2. TE	3. TE	4. TE	5. TE
6	8	10	12	16

Warm-up

Bevor Sie mit dem Übungsprogramm beginnen, atmen Sie 4- bis 5mal tief ein und aus. Heben Sie bei der Einatmung die Arme über den Kopf, und senken Sie die Arme während der Ausatmung. Atmen Sie bei jedem Atemzug tiefer ein und möglichst doppelt so lange aus, und spüren Sie, wie sich der Brustkorb und der Bauch bei jedem Einatmen weiter öffnen.

Gehen Sie auf der Stelle, und heben Sie dabei im Wechsel die Arme nach vorne, und ziehen Sie sie anschließend mit den Ellbogen kräftig hinter den Rumpf. Heben Sie dann die Arme über den Kopf, und senken Sie dann die Ellbogen an den Rumpf heran.
Wenn Sie sich fit genug fühlen, können Sie diese Übung auch im Laufen durchführen.
Führen Sie die gleichen Armbewegungen beim Joggen auf der Stelle durch.
Übungsdauer: 2–3 Minuten

Stellen Sie sich mit weit gegrätschten Beinen hin und verlagern Sie das Gewicht im Wechsel von rechts nach links. Beugen Sie in der Endposition jeweils leicht das Knie des Standbeins und ziehen Sie die Arme parallel über Kopf in die Diagonale.

Achten Sie darauf, daß Sie in der Taille nicht abknicken. Spannen Sie die Bauch- und Gesäßmuskulatur fest an und halten Sie den Brustkorb so weit wie möglich vom Becken entfernt.

Übung auf jeder Seite 10- bis 15mal wiederholen

Ziehen Sie aus der Grätschstellung im Wechsel die rechte bzw. linke Ferse zum Gesäß. Dabei werden die Arme kräftig nach vorne und die Ellbogen anschließend hinter den Rumpf geführt.
Auf jeder Seite 10 – 15 Wiederholungen

Stellen Sie sich mit schulterbreit geöffneten Beinen hin, und beugen Sie die Knie leicht. Lassen Sie den Rumpf entspannt nach vorne fallen – der Brustkorb berührt dabei die Oberschenkel. Rollen Sie anschließend langsam und kontrolliert die Wirbelsäule Wirbel für Wirbel nach oben, bis Sie aufrecht stehen. Atmen Sie dabei tief und ruhig ein und aus.

Sollte Ihnen bei dieser Übung anfangs schwindelig werden, reduzieren Sie die Bewegung des Oberkörpers nach vorne. Gehen allmählich in jeder Trainingseinheit etwas tiefer mit dem Rumpf. Durch häufiges Üben reguliert sich die Blutzufuhr im Kopf von allein!

Gehen bzw. laufen Sie auf der Stelle, und kicken Sie dabei im Wechsel den rechten bzw. linken Unterschenkel nach vorne. Heben Sie die Arme in Schulterhöhe angewinkelt an, und kreisen Sie die Schultern vorwärts und rückwärts.
Übungsdauer: 2–3 Minuten

Cool-down

Im Stand oder im Gehen: Atmen Sie tief ein, und führen Sie dabei die Arme über den Kopf. Halten Sie in dieser Position einige Sekunden die Luft an, und atmen Sie dann ganz langsam aus. Dabei werden die Arme nach unten geführt. Wiederholen Sie diese Übung 5- bis 6mal. Atmen Sie jedesmal tiefer und länger ein und aus, wobei die Ausatmungsphase etwa doppelt so lange dauern sollte wie die Einatmungsphase. Spüren Sie, wie sich bei jedem Atemzug der Brustkorb weiter öffnet und der Atem durch den ganzen Körper fließt. Entspannen Sie bei der Ausatmung die Hals-Nacken-Muskulatur, und geben Sie ruhig leicht in allen Gelenken nach.
Diese Übung kann auch im Liegen und bis zu 10 Minuten lang durchgeführt werden.

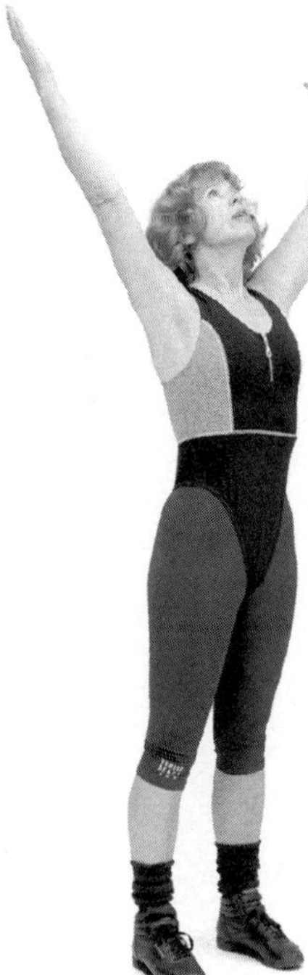

Stellen Sie sich mit leicht gegrätschten Beinen hin, und rollen Sie die Wirbelsäule langsam Wirbel für Wirbel auf und ab. Achten Sie dabei darauf, daß der Kopf harmonisch den Bewegungen der Wirbelsäule folgt und alle Gelenke (Hüft-, Knie- und Schultergelenke) entspannt nachgeben.
Atmen Sie ein bei der Aufrichtung der Wirbelsäule, und atmen Sie aus beim Abrollen.

Wiederholungen pro Trainingseinheit

1. TE	2. TE	3. TE	4. TE	5. TE
4	6	8	8	8

Stellen Sie sich mit gegrätschten Beinen hin, und senken Sie langsam und mit weit vorgestrecktem Rumpf den Oberkörper nach vorne, bis der Brustkorb die Oberschenkel berührt. Drehen Sie langsam den Rumpf nach rechts, und achten Sie dabei darauf, daß der Kopf entspannt bleibt. Der linke Arm zieht zur rechten Seite, bis eine deutliche Flankendehnung zu spüren ist. Atmen Sie bei der Drehung tief ein, verharren Sie einen Augenblick in der Dehnposition, und drehen Sie dann langsam den Rumpf in die Mitte zurück. Dabei atmen Sie tief und ruhig aus. Bei der nächsten Einatmung wiederholen Sie die Übung zur linken Seite.

Wiederholungen pro Trainingseinheit

1. TE	2. TE	3. TE	4. TE	5. TE
4	6	8	8	8

1. Schwerpunkt: Kräftigung

Übungen für Brustmuskulatur,
Bauch- und Rückenmuskulatur,
Fußmuskulatur

Knien Sie vor dem Ball, nehmen Sie in jede Hand eine Kurzhantel, und legen Sie den Brustkorb auf den Ball. Die Lendenwirbelsäule ist dabei vollkommen entlastet. Heben Sie die Arme im Wechsel oder später auch parallel

a) nach vorne
b) diagonal nach vorne
c) zur Seite.

Heben Sie die Arme so hoch wie möglich, ohne den Brustkorb vom Ball zu lösen. Drehen Sie dabei die Handflächen abwechselnd nach oben und nach unten. Spüren Sie bei jeder Armhebung deutlich Ihre Schulterblattmuskulatur.

Wiederholungen pro Trainingseinheit

1. TE	2. TE	3. TE	4. TE	5. TE
8	10	12	15	20

Legen Sie sich mit angewinkelten Beinen mit dem Rücken auf den Fitball, und nehmen Sie in jede Hand eine Kurzhantel. Spannen sie die Bauch- und Gesäßmuskulatur fest an, und achten Sie darauf, daß Sie mit den Füßen einen stabilen Halt haben.
Führen Sie die Arme zunächst im Wechsel, später parallel
a) aus der Seitenposition nach oben
b) hinter den Kopf
c) zum Oberschenkel.

Um Verspannungen im Bereich der Hals-Nacken-Muskulatur zu entgehen, ist es sinnvoll, den Kopf gelegentlich nach rechts und links zu drehen.

Wiederholungen pro Trainingseinheit

1. TE	2. TE	3. TE	4. TE	5. TE
8	10	12	15	20

Legen Sie sich mit dem Rücken auf den Boden, und klemmen Sie den Fitball zwischen die Füße. Strecken Sie die Beine mit dem Ball nach oben. Heben Sie den Rumpf so hoch an, daß die Schulterblätter vom Boden gelöst sind, und berühren Sie mit beiden Händen den Fitball
a) in der Mitte
b) auf der rechten Seite
c) auf der linken Seite.

Atmen Sie bei allen Bauchübungen betont ein und aus, da diese Übungen zum Luftanhalten verleiten.

Wiederholungen pro Trainingseinheit

1. TE	2. TE	3. TE	4. TE	5. TE
6	8	10	12	15

Legen Sie sich auf den Boden, und klemmen Sie den Fitball zwischen die Füße. Strecken Sie die Beine leicht angewinkelt nach oben. Heben Sie jetzt das Becken einige Zentimeter vom Boden ab, und senken Sie es langsam wieder.
Achten Sie darauf, daß Sie allmählich den Druck der Arme gegen den Boden verringern und dafür immer stärker die untere Bauchmuskulatur aktivieren.

Wiederholungen pro Trainingseinheit

1. TE	2. TE	3. TE	4. TE	5. TE
8	10	12	15	20

Stellen Sie sich mit gestreckten Beinen hin, und heben Sie betont langsam die Ferse so hoch, daß Sie auf dem Fußballen stehen (bis zu den Zehengrundgelenken anheben). Senken Sie anschließend betont langsam die Ferse wieder auf den Boden ab, und heben Sie die Zehen hoch
a) mit geschlossenen Beinen
b) im leichten Grätschstand.
Versuchen Sie die Übung mit geschlossenen Augen durchzuführen.

Wiederholungen pro Trainingseinheit

1. TE	2. TE	3. TE	4. TE	5. TE
8	10	12	15	20

Vor dieser Übung bitte unbedingt die Schuhe ausziehen – die Füße brauchen viel Bewegungsfreiheit.
Knien Sie sich auf den Boden – bei Druckbeschwerden auf den Knien ein Polster unterlegen. Stützen Sie sich mit den Händen oder mit dem Unterarm gut ab. Heben Sie einen Fuß auf dem Fußrist leicht an, und drehen Sie die Ferse nach innen. Verlagern Sie Ihr Gewicht leicht auf den Fußrist, und dehnen Sie den Fuß. Setzen Sie anschließend den Fuß mit dem Ballen auf und belasten ihn wieder.

Diese Übung wird normalerweise anfangs als sehr unangenehm empfunden, weil der Fußrist äußerst selten gedehnt wird. Dehnen Sie deshalb nur so weit, wie sie die Übung als schmerzfrei empfinden. Nach mehrmaligem Üben läßt der Dehnreiz deutlich nach.

Wiederholungen pro Trainingseinheit

1. TE	2. TE	3. TE	4. TE	5. TE
8	10	12	15	20

Legen oder knien Sie sich auf den Fitball. Stützen Sie sich mit beiden Händen auf dem Boden ab:

a) auf der flachen Hand
b) auf den Fingerspitzen
c) auf der Faust.

Rollen Sie mit dem Ball leicht vorwärts und rückwärts, und achten Sie dabei darauf, daß die Handgelenke schmerzfrei trainiert werden. Sie sollten nur ein leichtes Dehngefühl verspüren.

Wiederholungen pro Trainingseinheit
(in jeder Handposition!)

1. TE	2. TE	3. TE	4. TE	5. TE
4	6	8	8	8

Legen Sie sich mit dem Rücken auf den Fitball, die Beine sind dabei angewinkelt. Rollen Sie mit dem Ball so weit zurück, bis die Beine gestreckt sind. Rollen Sie anschließend so weit nach vorne, bis Sie mit dem Gesäß den Boden berühren. Lassen Sie den Kopf dabei entspannt hängen.

Wiederholungen pro Trainingseinheit

1. TE	2. TE	3. TE	4. TE	5. TE
4	6	8	10	15

Stellen Sie sich mit schulterbreit geöffneten Beinen hin, und schließen Sie die Augen. Heben Sie die Fersen hoch, und bleiben Sie so lange wie möglich mit geschlossenen Augen im Hochzehenstand stehen – länger als 10 Sekunden sind anzustreben!
Üben Sie auch auf einem Bein!

Atmen Sie dabei tief ein und aus, und konzentrieren Sie sich dabei auf die Füße. Die Fersen zeigen immer zur Körpermitte – nicht mit den Füßen nach außen knicken.

Wiederholungen pro Trainingseinheit

1. TE	2. TE	3. TE	4. TE	5. TE
4	6	8	8	8

2. Schwerpunkt: Kräftigung

Übungen für Arm-Schulter-Muskulatur,
Beinmuskulatur, Handmuskulatur

Knien Sie sich auf den Ball, und stützen Sie die Hände auf dem Boden ab. Beugen Sie die Arme so weit, daß Sie mit dem Kinn fast den Boden berühren.

Bei dieser Übung wird die Koordination kräftig mitgeschult, da die Eigenbewegung des Balles viel Gleichgewichtsgefühl erfordert – riskieren Sie also nicht zuviel Vorwärtsbewegung während der ersten Wiederholungen!

Wiederholungen pro Trainingseinheit

1. TE	2. TE	3. TE	4. TE	5. TE
8	10	12	15	15

Knien Sie sich mit schulterbreit geöffneten Beinen hin. Stützen Sie sich mit einem Arm auf dem Boden ab. Beugen und strecken Sie den Stützarm nach vorne, und dehnen Sie anschließend den Arm diagonal seitwärts.
Achten Sie dabei darauf, daß die Fingerspitzen leicht nach innen zeigen und daß die Streckung des Armes in einer leichten Beugeposition des Ellbogengelenkes endet.
Je kräftiger die Arm- und Schultermuskeln werden, desto mehr kann man das Körpergewicht nach vorne verlagern!

Wiederholungen pro Trainingseinheit

1. TE	2. TE	3. TE	4. TE	5. TE
4	6	8	8	10

Legen Sie sich mit dem Bauch auf den Boden. Spannen Sie die Bauch- und Gesäßmuskulatur fest an. Heben Sie die Beine ca. 10 cm vom Boden hoch und

a) grätschen Sie die Beine
b) beugen Sie die Beine an
c) strecken Sie die Beine
d) legen Sie die Beine geschlossen wieder auf den Boden.

Achten Sie dabei besonders darauf, daß der untere Rücken nur sehr wenig belastet wird. Drehen Sie sich nach dieser Übung in die Seitenlage, und ziehen Sie die Beine an den Oberkörper heran. Entspannen Sie den Rücken dabei.

Wiederholungen pro Trainingseinheit

1. TE	2. TE	3. TE	4. TE	5. TE
4	6	8	8	10

Stellen Sie sich gerade hin, und heben Sie ein Bein gebeugt hoch
a) in der Vorhalte
b) in der Seithalte
c) in der Rückhalte.
Strecken und beugen Sie das Bein in der jeweiligen Position, ohne es abzusenken. Ziehen Sie in jeder Trainingseinheit das Bein etwas weiter nach oben. Spannen Sie die Bauchmuskulatur, an und halten Sie den Rumpf sehr aufrecht – weichen Sie nicht mit der Hüfte aus!

Wiederholungen pro Trainingseinheit

1. TE	2. TE	3. TE	4. TE	5. TE
4	6	8	10	12

Setzen Sie sich auf den Fitball, und pressen Sie die Hände in Brusthöhe fest gegeneinander:
a) alle Finger gleichzeitig
b) jeden Finger einzeln.

Wiederholungen pro Trainingseinheit

1. TE	2. TE	3. TE	4. TE	5. TE
2	2	3	3	4

Setzen Sie sich aufrecht auf den Fitball. Haken Sie die Finger ein:
a) einzeln
b) alle Finger gleichzeitig.
Halten Sie die jeweilige Hakelposition über 3–4 Sekunden, und ziehen Sie die Finger dabei kräftig auseinander.

Wiederholungen pro Trainingseinheit

1. TE	2. TE	3. TE	4. TE	5. TE
1	2	3	3	4

Setzen Sie sich neben den Fitball. Die rechte Hand liegt auf dem Fitball und rollt den Ball so weit wie möglich
a) zur rechten Seite
b) leicht diagonal vorwärts
c) leicht diagonal rückwärts
bis eine sanfte Dehnung in der Schultermuskulatur zu spüren ist.
Die Übung zur anderen Seite wiederholen.

Bei dieser Übung sollte vor allem der untere Rücken durch eine gute Bauchspannung und durch eine sehr aktive Aufrichtung der Wirbelsäule (Anspannung der Gesäßmuskulatur) unterstützt werden.

Wiederholungen pro Trainingseinheit

1. TE	2. TE	3. TE	4. TE	5. TE
3	3	4	4	5

Setzen Sie sich mit weit gegrätschten Beinen auf den Boden. Die Beine sind gestreckt. Rollen Sie im Wechsel ein Bein so weit wie möglich im Hüftgelenk ein und aus. Die Hüfte schwingt dabei leicht mit. Halten Sie dabei den Rücken sehr gerade.

Wiederholungen pro Trainingseinheit

1. TE	2. TE	3. TE	4. TE	5. TE
4	4	6	6	8

9 Übung zur Beweglichmachung der Fußgelenke

Setzen Sie sich auf den Boden, und nehmen Sie einen Fuß in die Hände. Dehnen Sie mit den Händen den Fuß

a) nach unten
b) nach oben
c) nach innen
d) nach außen.

Achten Sie vor allem bei der Innen- und Außenrotation darauf, daß die Dehnung behutsam und sanft durchgeführt wird, um Überlastungen der Bänder zu vermeiden.

Wiederholungen pro Trainingseinheit

1. TE	2. TE	3. TE	4. TE	5. TE
2	4	4	4	4

3. Schwerpunkt Beweglichkeit

Übungen für Schultergelenke,
Hüftgelenke, Fußgelenke

Knien Sie sich auf den Boden, und strecken Sie abwechselnd den rechten und linken Arm
a) diagonal nach vorne
b) zur Seite
Der andere Arm stützt auf dem Boden ab. Drängen Sie die Schulter des gestreckten Armes in der Seitposition nach unten, bis Arm und Schulter komplett auf dem Boden liegen. Drehen Sie dann den Arm so weit wie möglich um die eigene Längsachse – die Handfläche sollte dann wieder zum Boden zeigen.

Wiederholungen pro Trainingseinheit

1. TE	2. TE	3. TE	4. TE	5. TE
6	8	10	12	16

Stellen Sie sich mit schulterbreit geöffneten Beinen hin, oder setzen Sie sich auf den Fitball. Umfassen Sie mit der linken Hand das rechte Handgelenk, und ziehen Sie die fast gestreckten Arme
a) hinter den Kopf nach oben und ziehen den Arm zur rechten Seite
b) hinter dem Körper nach unten und zur Seite.
Dehnen Sie in jeder Position über mehrere Sekunden die Schultermuskulatur.
Wiederholen Sie dann die Übung auf der anderen Seite.

Wiederholungen pro Trainingseinheit

1. TE	2. TE	3. TE	4. TE	5. TE
4	6	8	8	8

Setzen Sie sich mit weit geöffneten Beinen auf den Fitball. Ziehen Sie den Brustkorb so weit nach vorne, daß Sie damit (falls möglich) den Ball berühren. Verlagern Sie dann das Gewicht abwechselnd zur rechten bzw. linken Seite, und dehnen Sie dabei die Oberschenkel-Innenseite.

Federn Sie leicht in jeder Position nach, und versuchen Sie, die Dehnung immer mehr zu verstärken.

Wiederholungen pro Trainingseinheit

1. TE	2. TE	3. TE	4. TE	5. TE
4	6	8	10	12

Übung zur Beweglichmachung der Hüftgelenke

Stellen Sie sich aufrecht hin, und schwingen Sie im Wechsel ein Bein gestreckt

a) nach vorne

b) zur Seite

c) nach hinten.

Versuchen Sie, allmählich den Radius zu vergrößern. Achten Sie darauf, daß die schwungvolle Bewegung nicht angerissen, sondern daß der Schwung sehr rund und harmonisch durchgeführt wird.

Wiederholungen pro Trainingseinheit

1. TE	2. TE	3. TE	4. TE	5. TE
6	8	10	12	16

Gehen Sie auf der Stelle oder im Raum im Wechsel
a) im Hochzehenstand
b) auf der Ferse
c) auf der Fußaußenkante
d) auf der Fußinnenkante (mit großer Behutsamkeit).
Wechseln Sie dabei so schnell wie möglich die Gehtechnik.
Führen Sie diese Übung über 1–2 Minuten durch.

Knien Sie sich auf den Boden, und stützen Sie sich mit beiden Händen auf dem Boden ab (Bankstellung). Belasten Sie im Wechsel oder parallel den rechten bzw. linken Fußrist, und drehen Sie bewußt die Ferse nach innen.

Verlagern Sie dabei anfangs das Körpergewicht sehr stark auf die Arme, um die Füße nicht zu stark zu belasten. Wechseln Sie dann auf den Fußballen. Achten Sie dabei darauf, daß der Druck auf dem Fußrist noch als angenehm empfunden wird, auf keinen Fall schmerzhaft überdehnen.

Wiederholungen pro Trainingseinheit

1. TE	2. TE	3. TE	4. TE	5. TE
2	4	6	8	10

7 Über-Kreuz-Koordination

Legen Sie sich mit dem Bauch auf den Fitball. Heben Sie den rechten Arm und das linke Bein gestreckt hoch. Halten Sie das linke Bein oben, senken Sie den rechten Arm, und heben Sie den linken Arm hoch. Halten Sie dann den linken Arm oben, und senken Sie das linke Bein. Heben Sie dann das rechte Bein hoch, und senken Sie den rechten Arm. – Dann geht das Spiel von vorne los!

Steigern Sie allmählich das Tempo – führen Sie die Übung dann so schnell wie möglich durch!

Wiederholungen pro Trainingseinheit

1. TE	2. TE	3. TE	4. TE	5. TE
4	6	8	10	12

Setzen Sie sich auf den Ball (die Übung kann auch gut im Stand ausgeführt werden), und nehmen Sie in jede Hand eine Kurzhantel. Scheren Sie die gestreckten Arme 4- bis 8mal

a) vor dem Körper von unten bis über Kopfhöhe

b) hinter dem Kopf

c) hinter dem Rücken

Achten Sie dabei auf eine aufrechte Rumpfhaltung, und ziehen Sie die Schulter betont nach unten.

Wiederholungen pro Trainingseinheit

1. TE	2. TE	3. TE	4. TE	5. TE
4	6	8	10	12

Legen Sie sich in der Seitlage auf den Boden, der Körper bildet eine gerade Linie. Heben Sie beide Beine vom Boden ab, und
a) scheren Sie die gebeugten Beine
b) scheren Sie die gestreckten Beine
im Wechsel.
Wechseln Sie dann die Seite.

Stabilisieren Sie den Rumpf durch eine gute Spannung der Bauch- und Gesäßmuskulatur.

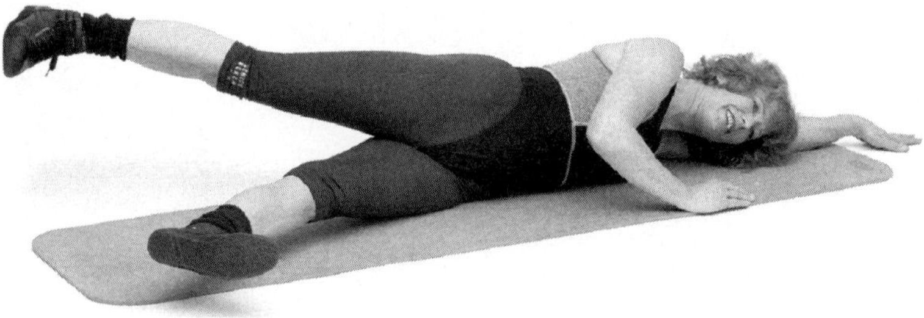

Wiederholungen pro Trainingseinheit

1. TE	2. TE	3. TE	4. TE	5. TE
6	8	10	12	16

4. Schwerpunkt: Beweglichkeit

Übungen für Wirbelsäule,
Handgelenke, Kniegelenke

Legen Sie sich mit dem Rücken auf den Fitball. Stellen Sie die Beine angewinkelt und weit gegrätscht auf. Rollen Sie mit dem Rumpf den Ball in immer größer werdenden Kreisen nach rechts und dann nach links. Achten Sie dabei bewußt darauf, daß die Wirbelsäule von der Lendenwirbelsäule bis zur Halswirbelsäule harmonisch und weich auf die Bewegung reagiert.

Riskieren Sie nach etwas Übung ruhig, das Gleichgewicht zu verlieren, und fangen Sie sich geschickt im letzten Moment wieder – das schult zusätzlich sehr intensiv die Koordination!

Wiederholungen pro Trainingseinheit
(Kreise in jede Richtung)

1. TE	2. TE	3. TE	4. TE	5. TE
6	8	10	12	16

Legen Sie sich mit dem Rücken auf den Boden, und legen Sie das gestreckte rechte Bein mit dem Unterschenkel auf den Fitball. Das linke Bein wird angewinkelt über das rechte gekreuzt, so daß der linke Fuß oberhalb des rechten Knies aufliegt. Drehen Sie dann in der Hüfte nach rechts und nach links, bis das linke Knie jeweils den Boden berührt (oder so weit wie möglich im Rumpf drehen).
Wechseln Sie dann die Beine, und wiederholen Sie die Übung auf der anderen Seite.

Achten Sie darauf, daß die Drehung sehr weich und ohne Hast durchgeführt wird. Stabilisieren Sie Ihr Gleichgewicht durch Druck der Arme gegen den Boden.

Wiederholungen pro Trainingseinheit
(auf jeder Seite)

1. TE	2. TE	3. TE	4. TE	5. TE
4	6	8	10	12

Legen Sie das linke Schienbein auf den Fitball, und beugen Sie das rechte Knie. Der Oberkörper wird mit möglichst gestreckter Wirbelsäule nach vorne abgewinkelt, und die Hände stützen auf dem Boden ab. Strecken Sie das linke Bein nach hinten, und strecken Sie so weit wie möglich das rechte Bein. Rollen Sie anschließend den Fitball mit dem linken Bein so weit heran, daß das linke Knie den Oberkörper und die linke Ferse das Gesäß berührt. Dabei beugen Sie wieder das rechte Bein.
Wechseln Sie anschließend die Seite.

Wiederholungen pro Trainingseinheit

1. TE	2. TE	3. TE	4. TE	5. TE
6	8	10	12	16

Legen Sie sich auf den Boden, und klemmen Sie den Fitball zwischen die Beine. Beugen und strecken Sie die Knie jeweils so weit wie möglich.

Wiederholungen pro Trainingseinheit
(jeweils wechselseitig und parallel)

1. TE	2. TE	3. TE	4. TE	5. TE
10	12	15	18	20

Knien Sie sich auf den Boden, und legen Sie die Hände mit nach hinten gedrehten Fingerspitzen auf den Boden. Verlagern Sie Ihr Gewicht auf die Hände, und ziehen Sie dann den Oberkörper leicht zurück, bis Sie eine sanfte Dehnung auf der Unterarm-Vorderseite verspüren. Drehen Sie dann die Hände mit dem Handrücken auf den Boden. Verlagern Sie Ihr Körpergewicht so weit auf die Hände, bis Sie eine leichte Dehnung auf der Unterarm-Vorderseite verspüren. Federn Sie in der jeweiligen Endposition sanft nach.

Wiederholungen pro Trainingseinheit

1. TE	2. TE	3. TE	4. TE	5. TE
6	8	10	12	16

Setzen Sie sich aufrecht auf den Fitball. Beugen Sie jeden Finger einzeln
a) im Grundgelenk
b) im ersten Fingergelenk
c) im zweiten Fingergelenk.
Drücken Sie mit den Fingern der anderen Hand den Finger jeweils bewußt in die Beugestellung, und dehnen Sie ihn anschließend durch Streckung im Gelenk.

Wiederholungen pro Trainingseinheit

1. TE	2. TE	3. TE	4. TE	5. TE
4	4	6	6	8

7 Übung zur Kräftigung der Rückenmuskulatur

Legen Sie sich auf den Bauch, und nehmen Sie in jede Hand eine Kurzhantel. Spannen Sie die Gesäßmuskulatur fest an, und heben Sie den Rumpf leicht an. Heben Sie dann wechselseitig – später auch parallel – die Arme gestreckt nach oben, wobei Sie während der Übung einmal die Handfläche nach oben, dann nach unten drehen. Heben Sie die Arme

a) nach vorne hoch

b) diagonal nach vorne hoch

c) zur Seite hoch

d) diagonal nach hinten hoch.

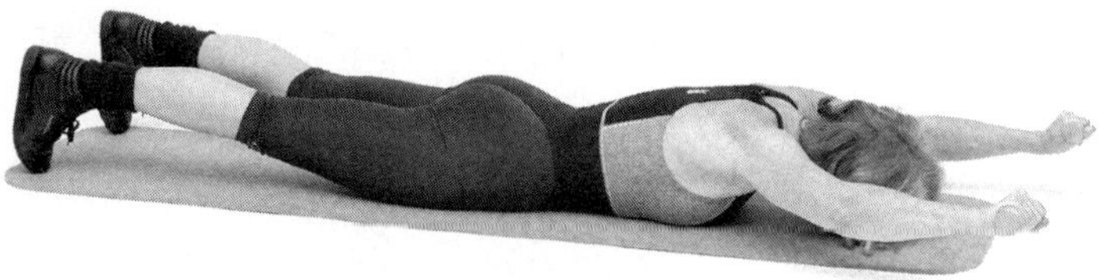

Wiederholungen pro Trainingseinheit

1. TE	2. TE	3. TE	4. TE	5. TE
4	6	8	10	12

Legen Sie sich mit dem Rücken auf den Boden, und klemmen Sie den Fitball zwischen die Beine. Strecken Sie die Beine nach oben, und senken Sie sie so weit wie angenehm möglich nach rechts und links zur Seite ab.
Achten Sie dabei darauf, daß Sie die Beine nicht unkontrolliert zur Seite kippen lassen. Führen Sie die Übung sehr kontrolliert und muskelbetont aus, und drängen Sie die Lendenwirbelsäule fest gegen den Boden.

Anfangs ist es sehr schwer, die Beine nicht abkippen zu lassen. Begnügen Sie sich daher zunächst mit einem kleinen Bewegungsradius, den Sie bei fortschreitender Übung dann ständig vergrößern.

Wiederholungen pro Trainingseinheit

1. TE	2. TE	3. TE	4. TE	5. TE
4	6	8	10	12

Stellen Sie sich mit geschlossenen Augen auf ein Bein, und beugen Sie leicht das Knie des Standbeines. Halten Sie diese Position so lange wie möglich ohne zu schwanken. Konzentrieren Sie sich dabei auf die Füße.
Steigern Sie diese Übung bei jeder Trainingseinheit um 1–2 Sekunden. Ziel: 20–30 Sekunden.

5. Schwerpunkt Koordination

Übungen für
Gleichgewicht, Rotation,
Über-Kreuz-Koordination

Gleichgewicht

Stellen Sie sich mit geschlossenen Augen und schulterbreit geöffneten Beinen hin. Verlagern Sie abwechselnd das Körpergewicht von den Fußballen auf die Fersen, ohne die Füße von der Stelle zu bewegen. Wiederholen Sie die Übung dann auch auf einem Bein.

Wiederholungen pro Trainingseinheit
(in jeder Position)

1. TE	2. TE	3. TE	4. TE	5. TE
6	8	10	12	16

Knien Sie sich auf den Boden, und stützen Sie die Hände auf dem Boden auf (Bankstellung). Heben Sie den rechten Arm und das linke Bein gestreckt hoch bis zur Waagerechten. Heben Sie dann noch den Unterschenkel des Standbeines vom Boden ab, und balancieren Sie in dieser Position über mindestens 10 Sekunden.
Wiederholen Sie die Übung auf der anderen Seite.

Wiederholungen pro Trainingseinheit
(zu jeder Seite)

1. TE	2. TE	3. TE	4. TE	5. TE
2	3	4	5	5

Stellen Sie sich auf ein Bein, und drehen Sie sich 5- bis 8mal um die eigene Längsachse. Fixieren Sie vor und nach der Drehung einen Punkt an der Wand, damit Sie sich orientieren können und um zu überprüfen, ob Sie sich tatsächlich um 360 Grad gedreht haben.
Achten Sie auf einen festen Stand nach der Drehung!
Steigern Sie die Drehungen auf einem Bein auf 20 und mehr Wiederholungen nach rechts und links.

Legen Sie sich mit dem Bauch auf den Ball, und strecken Sie die Arme über den Kopf. Drehen Sie sich ohne Hilfe der Hände auf den Rücken und wieder zurück.
Drehen Sie sich abwechselnd nach rechts und nach links.

Diese Übung ist anfangs sehr schwer – die Gefahr, vom Ball herunterzufallen, ist groß!

Wiederholungen pro Trainingseinheit
(zu jeder Seite)

1. TE	2. TE	3. TE	4. TE	5. TE
6	8	10	12	16

Legen Sie sich mit dem Rücken auf den Boden, heben Sie die Arme nach hinten über den Kopf, und heben Sie die gestreckten Beine leicht vom Boden ab.

a) Öffnen Sie Arme und Beine gleichzeitig, und überkreuzen Sie dann Arme und Beine gleichzeitig – einmal ist der rechte Arm bzw. das rechte Bein oben, beim nächstenmal überkreuzt links oben.

b) Öffnen Sie die Beine, überkreuzen Sie dabei aber gleichzeitig die Arme hinter dem Kopf. Überkreuzen Sie dann die Beine, und öffnen Sie parallel dazu die Arme. Wechseln Sie beim Überkreuzen wieder rechts und links ab.

Bei dieser Übung wird die Bauch- und Hüftbeugemuskulatur ebenfalls stark beansprucht. Achten Sie bei dieser Übung darauf, daß die Lendenwirbelsäule durch Anspannung der Bauchmuskulatur fest gegen den Boden gepreßt wird.

Wiederholungen pro Trainingseinheit
(in jeder Position)

1. TE	2. TE	3. TE	4. TE	5. TE
4	6	8	10	12

Legen Sie sich auf den Bauch. Ziehen Sie im Wechsel die rechte bzw. linke Ferse zum Gesäß. Ziehen Sie jeweils mit der rechten bzw. linken Hand die Ferse fest an das Gesäß heran, und strecken Sie anschließend wieder das Bein.

Wiederholungen pro Trainingseinheit
(auf jeder Seite)

1. TE	2. TE	3. TE	4. TE	5. TE
6	8	10	12	16

Hand- und Fingergelenke (Beweglichkeit)

Setzen Sie sich auf den Ball. Legen Sie jeweils den Zeigefinger, Mittelfinger, Ringfinger und den kleinen Finger der rechten und linken Hand gestreckt gegeneinander. Biegen Sie die Finger so weit es angenehm möglich ist nach hinten. Federn Sie in der Endposition einige Male nach.

Wiederholungen pro Trainingseinheit
(mit jedem Finger)

1. TE	2. TE	3. TE	4. TE	5. TE
6	8	10	12	16

Legen Sie sich mit dem Bauch auf den Ball. Belasten Sie im Wechsel den Fußball und den Fußrist. Stoßen Sie sich beim Wechsel jedesmal bewußt kräftig mit dem Ballen bzw. dem Rist ab.

Wiederholungen pro Trainingseinheit
(zu jeder Seite)

1. TE	2. TE	3. TE	4. TE	5. TE
6	8	10	12	16

Literaturhinweise

Albrecht, Karin: Fit wie ein Turnschuh. Basel 1995
Birkenbihl, Vera: Erfolgstraining. München 1995
Cotta, Horst: Der Mensch ist so jung wie seine Gelenke. München/Zürich 1983
Frantzis, Bruce Kumar: Qi-Gong – Wege zu den Energiequellen des Körpers. Reinbek 1995
Freiwald, Jürgen: Prävention und Rehabilitation im Sport. Reinbek 1989/1995, 3. Aufl.
Gimbel, Bernd/Edwin Kalkbrenner: Handbuch Körper-Management. Reinbek 1994
Gordon, Neil F./Larry W. Gibbon: Dem Leben Jahre schenken. München 1991
Hollmann, Wildor: Sportmedizin. Heidelberg 1995
Howald, Wolfgang/Franz-Theo Gottwald: Bewußtseins-Management. Landsberg 1996
Karbe, Siegwart: Warm up, Fitness- und Krafttraining. Berlin 1992
Knebel, Karl-Peter: Funktionsgymnastik. Reinbek 1985/1996, 14. Aufl.
Lindemann, Hannes: Einfach entspannen. München 1992
Powter, Susan: Ohne Diät geht's auch. München 1995
Weineck, Jürgen: Optimales Training. Erlangen 1994
Wiesemann, Armin: Ganzheitliche Wege zur Gesundheit. Emsdetten o. J.

Die Autorin

Otti Krempel, Jahrgang 1954, ist Diplomsportlehrerin und Staatlich geprüfte Gymnastiklehrerin. Sie arbeitet seit zwanzig Jahren als Referentin für die Fachgebiete Gesundheitssport, Fitneß, Sport mit älteren Menschen, Gymnastik und Tanz auf nationaler und internationaler Ebene.
Sie ist Inhaberin der Internationalen SportAkademie in Clausthal-Zellerfeld und bildet dort seit zehn Jahren Gesundheitssportlehrer und Gesundheitstrainer aus und führt eigene Forschungsprojekte durch. Ihr besonderes Interesse gilt dem Sport mit älteren Menschen.